# 後期日中戦争

## 太平洋戦争下の中国戦線

広中一成



角川新書

# はじめに

## 七年間の壮絶な戦場体験

その男性は、長い軍隊生活で鍛えられたためか、高齢であるにも拘《かかわ》らず、がっちりとした体格をしていた。彼は半世紀以上前のできごとを、まるでついこの前体験したかのように、はっきりとした口調で話し始めた。男性の名前は鈴木勤《すずきつとむ》。一九二一年、愛知県渥美《あつみ》郡杉山《すぎやま》村（現田原《たはら》市）生まれの九六歳（取材当時）。名古屋《なごや》第三師団隷下の野砲兵《やほうへい》第三聯隊《れんたい》の兵（後に下士官へ昇格）として、一九三九年から終戦までの六年間、日中戦争を戦い続けた。一九四六年に復員（兵役を終えて戦地から帰還すること）してからは、いくつかの職をへた後、自宅のあった愛知県豊橋《とよはし》市で青果業を営み、豊橋中央青果市場理事長などを歴任した。

鈴木は、早く兵役を終えて病弱な父をそばで支えるため、二〇歳未満の志願兵として日本陸軍に入ったこと、はじめは航空兵を希望したが、長男がもっとも命の危険がある兵科を選んではならないとして、砲兵に回されたことなどを淡々と話し続ける。

そして、話題が中国の戦場のことに移ると、彼の口調は、徐々に強く激しく、またときには悲しさや虚《むな》しさが入り交じるようになった。

鈴木が六年間いた中国の戦場でいちばん辛《つら》かった戦いに挙げたのが、太平洋《たいへいよう》戦争開戦直後の一九四一年一二月二五日に始まった第二次長沙《ちょうさ》作戦である。鈴木は野砲兵第二大隊の観測班員のひとりとして、部隊に先行して前線に向かい、敵との距離を測って着弾点を予想し、野砲の適切な設置場所や砲身の角度を決めるという重要な任務にあたっていた。戦いが激しくなればなるほど、彼は前線に出る機会が多くなり、長い時間命の危険にさらされたのだ。

鈴木は、詳細に当時を振り返った（鈴木勤に対する広中一成のインタビュー〔二〇一七年六月、未定稿〕）。

「長沙の城外に聖隷《せいれい》学校という外国権益の四階建ての建物があってね。そこは、長沙の城壁と一五〇メートルくらいしか離れてなかった。その建物の三階まで山砲《さんぽう》を担いで上がって、煉瓦《れんが》壁に砲身の直径だけの穴を開けて、そこから砲身だけ外に出して撃ったんだよ。城壁の上に敵の機関銃部隊がいて、そいつらを倒さないとどうにもならなかったからね。そこで、士官学校出の来たばっかの分隊長が亡くなったね。

普通、砲を撃つときは眼鏡《がんきょう》を見て敵を狙うんだけど、砲身だけ出して眼鏡は出てなかったから、砲弾を込める前に分隊長が砲身の穴から敵を覗《のぞ》き見てから弾を撃っていたんだよ。そうしたら、敵がこちらに機関銃をバババッと撃ってきて、その一発が砲身の穴の中を通って、狙っていた分隊長の頭に当たって死んじゃったんだ」。

### 太平洋戦争の陰に隠れる日中戦争

太平洋戦争が開戦してから、二〇二一年でちょうど八〇年を迎える。一九四一年一二月八日未明(日本時間)、日本海軍連合艦隊の機動部隊が、太平洋上の米軍の拠点であるハワイ・真珠湾《しんじゅわん》を攻撃した。この戦いは、駐米日本大使館の不手際から、宣戦布告のない奇襲となり、「リメンバー・パールハーバー」ということばで、厭戦《えんせん》気分であったアメリカ国民の感情を一変させた。

一方、真珠湾攻撃のおよそ一時間前、日本陸軍は英領マレー半島北部に上陸し、イギリス極東艦隊の基地シンガポールに向けて進撃を開始する。マレー作戦と呼ばれたこの戦いは、宣戦布告すら用意していない正真正銘の奇襲攻撃であった。米英を出し抜いたふたつの日本軍の奇襲によって、太平洋戦争は幕を開けたのである。

ところで、日本はこのおよそ四年前から中国とも戦端を開いていた。一九三七年七月七日深夜、北平《ほくへい》(現北京《ペキン》)にほど近い宛平県盧溝橋《えんぺいけんろこうきょう》で、日中両軍が散発的な戦闘を開始する。八月一三日には、上海《シャンハイ》共同租界で日本海軍陸戦隊と中国軍が交戦し、戦いが華北《かほく》の局地戦から華中《かちゅう》へと及ぶ全面戦争へと発展した。その後、戦火は沿岸部から内陸部へと広がり、三八年一〇月末、武漢《ぶかん》作戦を契機に終わりの見えない長期持久戦へと突入していく。

日中両国は、日中戦争勃発《ぼっぱつ》直後から、戦闘終結に向けた話し合いを進めていた。しかし、一九三七年一二月一三日、日本軍が中国の首都であった南京《なんきん》（一一月二〇日に重慶《じゅうけい》へ遷都宣言）を占領すると、日本政府は蔣介石《しょうかいせき》を指導者とする中国国民政府（以下、国民政府）に厳しい条件を突きつけて、敗北を認めるよう迫る。国民政府がこの返答に窮すると、近衛文麿《このえふみまろ》首相は三八年一月一六日、政府声明（第一次近衛声明）を発表し、「爾後《じご》国民政府を対手《あいて》とせず」（「「国民政府ヲ相手ニセズ」政府声明」、『日本外交年表並主要文書　下』）ということばで、国民政府の存在を否認し、政府間の和平交渉を事実上打ち切った。

この結果、日本は日中戦争を早期に解決する術《すべ》を失った。これは、日中戦争が長期持久戦になった大きな理由のひとつであり、まさに日本が自分で自分の首を絞めたのだ。

その後、近衛内閣は戦局の打開を図るため、武漢作戦後の一一月三日、新たに政府声明（第二次近衛声明）を発表し、第一次近衛声明を撤回する。それとともに、日中戦争の究極の目的を、日満華三国の互助連環、東アジアにおける国際正義の確立、新文化の創造、経済結合の実現を謳《うた》った東亜《とうあ》新秩序の建設とし、国民政府へこれらに協力するよう呼びかけた。しかし、この抽象的な戦争目的は、結局、戦局をより混迷させるだけに終わった。

日中戦争が果てしない泥沼の中にあるまま、日本は太平洋戦争を始める。その二日後の一二月一〇日、日本は戦争の呼び名について、「今次の対米英戦争（太平洋戦争のこと――引用者注）及び今後情勢の推移に伴い生起することあるべき戦争は、支那《しな》事変をも含め大東亜《だいとうあ》戦争と呼称す」（『昭和の歴史7』。以下、引用文を除き、大東亜戦争はアジア太平洋戦争とする）とした。

太平洋戦争が始まったことで、もともと戦争の中心であった中国戦線は、巨大なアジア太平洋戦線の一角の地位にまで下がる。そして、日本海軍が真珠湾攻撃を成功させ、破竹の勢いで太平洋戦線を拡大させると、日本国民の関心も解決の糸口の見えない日中戦争から、アメリカに勝利することを予感させた太平洋戦争へと向けられていった。

## 旧陸軍軍人でも日中戦争への言及は乏しい

一九四五年八月一四日、日本政府は天皇臨席の御前会議で、国体護持を条件に軍国主義の除去や軍隊の武装解除などを定めた「ポツダム宣言」の受諾を決定、翌一五日、昭和天皇の「終戦の詔勅」、いわゆる「玉音放送」によって、日本国民に終戦が告げられる。しかし、前線で戦闘中の将兵の多くに戦争が終わったことは伝わらず、その後もしばらく戦いを続けていた（鈴木英一・兼井成夫「忘れ得ぬ満洲・シベリアの「記憶」」、『語り継ぐ戦争』所収）。

アジア太平洋戦争で亡くなった日本軍将兵の数は、陸軍約一八三万人、海軍約五七万人の計二四〇万人、このうち、中国本土で死亡した人数は約四六万五七〇〇人に上った（『大系日本の歴史14』）。このなかには、不慮の死や病死であったとしても、「名誉の戦死」として処理された事例が数多くあったことが判明している（『日本軍兵士』）。

一方、一九五〇年六月の復員調査によると、終戦時に戦地となっていた日本外地に残る旧日本軍将兵の総数は二七四万六〇七三人、そのうち中国本土にいた将兵の数は、陸軍が一〇四万九七〇〇人。海軍が六万三七五五人の合わせて一一一万三四五五人であった（『大東亜戦争全史』）。

生き残った日本軍将兵の数が、太平洋戦線に比べて中国戦線では圧倒的に多かったことから、日本海軍は太平洋戦争で負けたが日本陸軍は日中戦争で負けていなかった、という言説が今日でも聞かれる。

はたして、太平洋戦争の背後で日中戦争はいかにして戦われていたのか。この問題を調べると、あることに気づく。それは、アジア太平洋戦争全般を扱ったこれまでの日本の研究書や一般書の多くが、太平洋戦争に記述の大半を割くあまり、同時期の日中戦争を、充分に論じることなく終わっているということだ。

例えば、連合国による日本占領統治が終わった翌年の一九五三年、かつてアジア太平洋戦争期に陸軍参謀本部（三七年一一月二〇日、大本営設置に伴い、大本営陸軍部参謀部に改組されたが、以下、引用文などを除き、便宜上、呼称はそのままとする）作戦課長を長く務めた服部卓四郎《はっとりたくしろう》が『大東亜戦争全史』（鱒書房。一九六五年に原書房が一冊本として再版）という、全四巻約一七〇〇頁に上る大著を発表した。

このなかで、太平洋戦争下の日中戦争については、第三篇《ぺん》第二章の「中国方面の作戦」が一二頁、同篇七章にあるドーリットル空襲に端を発する浙贛《せっかん》作戦の記述が二頁、第七篇第三章「大陸打通作戦」が二一頁と、わずか計三五頁しかない。これは同書全体の二パーセントにしかならない。

同書は、連合国の占領統治下で隠されていた機密文書をもとに執筆（稲葉正夫「編集余聞」、『大東亜戦争全史』所収）されていて、史料的価値が高い。しかし、服部は脱稿後に記した遺稿「所懐の一端」（同右所収）で、「今読み返して見ると、やはり若干の主観を交える結果となった」と述べている。大本営内部で陸軍の作戦全般を事実上取り仕切り、日本の戦局のあらゆる面を知り尽くした者がゆえの、独自の視点や想いが記述に反映されていたのである。

ところで、なぜ服部は日中戦争よりも太平洋戦争に記述の重きを置いたのか。前掲「所懐の一端」で、服部は同書執筆にあたっての思いを次のように述べている。

大東亜戦争の発端が東條《とうじょう》氏乃至《ないし》は日本軍のみの侵略意思によって、単純に始められたものとの史論に立つならば、人類最高の悲劇たる戦争を将来防止する方策も亦《また》自ら極めて簡単になって来る。しかし、私は左様には思わない。私の考えでは、戦争原因が薀《うん》醸《じょう》されていないのに、戦争当時国の一方の指導者の意思のみによって開戦し、而《しこう》して戦争を遂行し得るということは、昔の英雄戦争時代ならばいざ知らず、全体戦争、高度の国家総力戦の現代戦に於《おい》ては不可能なことであると思う。終戦後、日本では東條があの戦争を起したといっている時に、米国では太平洋戦争はルーズベルトの意思と作為とによって勃発を見るに至ったものであるとの、根拠ある幾つかの著書、論文が公にされているようである。

すなわち、服部はアジア太平洋戦争開戦の責任が日本だけにあるのではなく、アメリカにもその一端があるとし、その主張を前提に同書を執筆したという。よって、記述が太平洋戦争に偏り、アメリカが直接関わっていなかった日中戦争の部分は、やや簡単に触れるのみに終わったのである。

大谷敬二《おおたにけいじ》郎《ろう》が一九七八年に発表した『陸軍80年』（図書出版社）は、一九七五年に彼が出版した『皇軍の崩壊』を改題したもので、文字どおり、日本陸軍が創建された明治初めからアジア太平洋戦争終戦までの陸軍の歩みをたどった一冊である。大谷は戦時中、東京憲兵隊特高課長や、東京憲兵隊長、東部憲兵隊司令官を務めた陸軍憲兵の大物で、このほかにも『昭和憲兵史』(みすず書房、一九六六年)や『憲兵秘録』(原書房、一九六八年)なども著している。

大谷は、同書のなかで「日中戦争」という章を設けているが、内容は盧溝橋事件勃発から太平洋戦争開戦前までの中国戦線について述べるのに留《とど》まっている。また、「太平洋戦場での日本兵」という章では、太平洋戦線の日本軍の動向に言及しているだけで、そのときの中国戦線については触れていない。

大谷は戦時中、陸軍憲兵の中枢に身を置いており、前述の服部とはまた違う立場で陸軍内部の様々な情報を握っていた。しかし、なぜこのような記述になったのか、本書では言及されていない。

同書は、戦争の道を選んだ軍国的な旧陸軍を否定的に捉《とら》えることで、戦後発足した自衛隊に「国民の軍隊」としての期待を寄せている。このような観点からすると、太平洋戦線よりも目立った敗北が少なかった中国戦線は、彼にとって取り上げる要素が少なかったのではないか。

## 「一五年戦争史観」による弊害

以上、旧陸軍軍人の実体験を踏まえた研究に対し、歴史研究者の論考はどうか。黒羽清隆《くろはきよたか》が一九七七年に著した全三巻からなる『日中15年戦争』（教育社）は、満洲事変《まんしゅう》から終戦までの一五年間（正しくは約一四年）の日本による中国侵略の実態について明らかにしている。上巻では、満洲事変の前史としての二七年の第一次山東出兵《さんとう》から三六年の西安《せいあん》事件まで、中巻では、盧溝橋事件から日中戦争が長期持久戦に入るまでをそれぞれ論じている。そして、下巻は日中戦争中期から終戦までを考察の範囲としている。だが、太平洋戦争開戦後は、「終局」という最後の節でわずか七頁を使って論じたのみに終わっている。

なぜ、このようなことになったのか。黒羽は同書上巻の冒頭で「日本と中国の戦争は、私たちの考え——これには異論がある——では、一九三一（昭和六）年九月十八日に始まり、一九四五年八月十四日に終わった」と述べたように、満洲事変を中国侵略の始まりと規定し、そこから日中戦争へ至る過程の分析に力を費やした。その結果、日中戦争の前半部分までは詳細に論じられているのに対し、戦争中盤から終盤にかけては、前半と比べ関心が薄くなり、考察もやや大雑把になってしまっている。

黒羽が主張する、満洲事変から日中戦争を一連の日本の中国侵略の流れと見る、いわゆる「一五年戦争史観」は、戦後日本近代史学の一大潮流となり、この史観に基づいた数多くの研究が発表された。そして、その多くが黒羽の研究の特徴と一致する。

例えば、古屋《ふるや》哲夫《てつお》が一九八五年に発表した『日中戦争』（岩波書店）は、「一五年戦争史観」の視点から論じられているが、書名に日中戦争と銘打っているものの、半分以上が満洲事変から武漢作戦までの分析で、太平洋戦争開戦後は、最終盤に簡単に述べるに留まっている。さらに、大杉一雄《おおすぎかずお》に至っては、『日中十五年戦争史』（中央公論社、一九九六年）で満洲事変以後の中国侵略の経緯を丹念にたどりながらも、その言及は太平洋戦争前で終わってしまった。

「一五年戦争史観」は、日本の戦争責任を問うために、中国侵略の始まりを明らかにし、日中戦争前期までの歴史を詳細に分析した点で大きな功績を残した。しかし、彼らはそこで満足してしまい、その後の日中戦争について、議論を深めることができなかったのである。

### 名古屋第三師団は中国戦線に最初から最後までいた

なぜ、太平洋戦争下の日中戦争について、これまで充分な議論がなされなかったのか。前述の理由のほかにも、戦争当時の状況から考えられる点がある。それは、戦争が長引くに従い、中国戦線が拡大を続けたことだ。長期持久戦突入後、膠着《こうちゃく》していた中国戦線は、太平洋戦争開戦とともに拡大に転じた。最大規模となった一九四四年の一号作戦（大陸打通作戦）は、作戦期間およそ八ヶ月、作戦範囲が河南《かなん》、湖北《こほく》、湖南《こなん》、広東《カントン》、広西《こうせい》（現広西チワン族自治区）、貴州《きしゅう》の各省、総延長約二四〇〇キロメートルに及んだ。

これだけ広範囲に及んだ中国戦線を系統立てたうえで、ひとつの議論としてまとめ上げることは、かなり難しい。太平洋戦線は、中国戦線よりも大きかったにも拘らず、今日、全体を網羅した議論が成立するのは、個々の戦いに関する研究の蓄積があるからである。太平洋戦争下の日中戦争は、旧軍関係者も所属した防衛庁防衛研修所戦史室（現防衛省防衛研究所戦史研究センター）が刊行した準研究書の『戦史叢書《そうしょ》』（朝雲新聞社）の該当巻、ならびに、森金千秋《もりかねちあき》『湘桂《しょうけい》作戦』（図書出版社、一九八一年）、『常徳《じょうとく》作戦』（同右、一九八三年）、佐々木春隆《ささきはるたか》『長沙作戦』（同右、一九八八年）、『桂林《けいりん》作戦』（同右、一九八九年）といった、作戦に関わった旧軍将校による作戦ごとの回想録的著作がある。だが、これらを総合した研究は少ない。どうすれば、中国戦線の全体像を知ることができるか。これを検討するうえで、鍵《かぎ》となる存在が名古屋第三師団（通称号は幸《みゆき》兵団。日本の師団や聯隊は共通の地域の兵員で構成されるため、しばしば冒頭に編成地名を加える習慣がある）である。

第三師団（本節断りのない限り、『陸軍師団総覧』）は、一八八八年、名古屋鎮台の廃止にともなって創設された。名古屋城内に師団司令部を置き、当初は隷下に名古屋第六、金沢《かなざわ》第七、豊橋第一八、名古屋第一九の四個聯隊を擁した。その後、第七と第一九聯隊が金沢第九師団に転出し、代わって静岡第三四、岐阜第六八聯隊を編入する。

日本初の外征戦争となった一八九四年に始まる日清《にっしん》戦争では平壌《へいじょう》攻略戦、一九〇四年からの日露戦争では奉天《ほうてん》会戦など、主要な戦役で活躍する。一八年に起きたシベリア出兵では、およそ一年間、バイカル湖東部のザバイカル方面で赤軍と戦い、彼らに包囲されていたチェコスロバキア軍の救出作戦などに関わった。昭和時代に入ると、二八年の第三次山東出兵に動員され、満洲国建国後の三四年には約二年間、満洲に駐屯した。

日中戦争が勃発すると、第三師団は、上海の日本居留民保護を目的に、善通寺《ぜんつうじ》第一一師団とともに上海北部の呉淞《ごしょう》（ウースン）に上陸する。上海は、国民政府と蔣介石を財政金融面で支えた浙江財閥《せっこうざいばつ》の本拠地であった。呉淞周辺には、早くから日本軍の進攻を想定して、ドイツから派遣された軍事顧問団の指導のもと、中国の正規軍である国民革命軍（以下、中国軍、または単に敵と略称する場合がある）の精鋭部隊と、堅固なトーチカ陣地が数多く配備されていた。また、上海は古くから小舟で物資を運ぶための運河や水濠《すいごう》（クリーク）が各所に張り巡らされており、守備側は、これらも防衛線として有効に活用する。

第三師団は、これら敵の強固な防衛に行く手を阻まれ進軍に難渋し、開戦から一ヶ月足らずの九月九日までに、戦死者五八九人、戦傷者一五三九人（『支那事変陸軍作戦〈1〉』）を出してしまう。

激戦が続くなか、一一月五日、日本から増援部隊として第一〇軍（柳川《やながわ》兵団）が上海南方の杭州《こうしゅう》湾から上陸すると、中国軍は総崩れとなり、上海から撤退。第三師団は、その中国軍を追って前進し、一二月、南京攻略戦に参加した。

第三師団はその後も中国戦線に留まり、一九三八年五月の徐州《じょしゅう》会戦に従軍、八月、第二軍に編入され、武漢作戦を戦う。さらに、長期持久戦突入後は、第一一軍の主力部隊として、湖北省と湖南省を中心に中国軍の掃討作戦にあたった。太平洋戦争が開戦すると、第三師団は第二次長沙作戦、浙贛《せっかん》作戦、大別山《だいべつざん》作戦、江北殲滅《こうほくせんめつ》作戦、江南《こうなん》殲滅作戦、常徳殲滅作戦、一号作戦などに参戦する。

アジア太平洋戦争では、満洲および長城線以南の、いわゆる中国本土から数多くの師団や聯隊が選び出され、南方戦線に送られた。そのなかにあって、第三師団は第一一軍の仙台《せんだい》一三、大阪第三四、第四〇師団とともに、終戦まで一貫して中国戦線で戦った。特に第三師団は、これら師団のなかでもっとも早く日中戦争に投入された部隊である（次に早かった第一三師団は、第二次上海事変開戦後の九月一〇日に編成され、中国戦線に投入された）。

すなわち、中国戦線の全容を知りたいとき、中国戦線に最初から最後までいた第三師団をひとつの「縦糸」としてたどっていくのはどうか。もちろん、第三師団が関わっていない華北の作戦や、それ以外の戦いもたくさんある。しかし、日中戦争、特にこれまで一般的に関心の薄かった、太平洋戦争下の中国大陸の戦況を一本の線としてとらえることが、第三師団の歩みを丁寧に追っていくことで可能となるのだ。

以上のような考えから、本書では第三師団が参戦した次の作戦を取り上げ、太平洋戦争下の日中戦争が軍事的にどのように展開されたのか探っていく。

## 後期日中戦争の概念規定と本書の構成

本書では検討を進めるにあたり、後期日中戦争という便宜上の概念を用いる。日中戦争の時期区分について、「一五年戦争史観」による研究で数多くの成果を残した小林英夫《こばやしひでお》は、満洲事変から盧溝橋事件勃発前までを前史、盧溝橋事件から武漢作戦までを第一期、武漢作戦から太平洋戦争開戦前までを第二期、太平洋戦争開戦から終戦までを第三期とした（『日中戦争』）。

これに対し、臼井勝美《うすいかつみ》は、日中政治外交史の視点でもって、満洲事変から続いた一連の日中紛争を終わらせた塘沽《タンクー》停戦協定（一九三三年五月三一日）から盧溝橋事件勃発前までを前史、盧溝橋事件から太平洋戦争開戦前までを第一期、太平洋戦争開戦から終戦までを第二期と分けた（『新版　日中戦争』）。どちらの意見も日中戦争をめぐる観点の違いが時期区分の差異として表れている。前史から第一期の部分が彼らにとって関心の中心であり、論争の的でもあった。一方、そこから外れた太平洋戦争開戦後の時期区分は、どちら側も考えを同じにしている。しかし、なぜここだけ同じになったのか。彼らがいかなる考えを持ってこの時期区分にしたのかは明白でなく、なおも研究の余地を残す。

本書は、以上の時期区分をめぐる研究状況をひとまず尊重し、特段名称のない太平洋戦争開戦後の日中戦争を後期日中戦争と名づけ、次のとおりに検討していく。

第一章では、太平洋戦争開戦後まもなくして始まった、第二次長沙作戦を検討する。もともとこの作戦は、中国軍との本格的衝突を意図しない副次的な戦いであった。しかし、途中で作戦が変更され、中国軍の華中の重要拠点である長沙を攻撃することとなる。しかし、日本軍はその戦いに敗れるという失態を犯してしまった。なぜ、作戦が変わり、そして敗北したのか。第一一軍を率いた軍司令官の阿南惟幾《あなみこれちか》中将に着目して論じる。

第二章は、一九四二年五月の浙贛作戦を取り上げる。この作戦は、大本営の強い要望を受けて始まった。なぜ、大本営はこの作戦を実施しようとしたのか。また、この戦いでは、国際法で禁止されている細菌兵器や毒ガス弾が使用された。どのようにして、これらの兵器は使用されたのか、その被害はどうであったのか。第三師団はどのような戦いを繰り広げていたのかたどる。

第三章は、江南殲滅作戦について見ていく。特にここでは、作戦初期に起きた廠窖《しょうこう》事件を取り上げる。この事件は現在、太平洋戦争開戦後、日本軍が中国で起こした最大の虐殺と言われている。しかし、その実態はよくわかっていない。なぜなら、多くの体験者の証言が残っているが、それらと日本軍の資料との突き合わせが行われていないためだ。廠窖事件は、はたしていかなる事件であったか。そもそも虐殺は本当に起きていたのか。事件が起きたとき、第三師団は何をしていたのかを探る。

第四章は、常徳殲滅作戦について考える。常徳の先には国民政府の陪都《ばいと》（首都南京が陥落したことによる臨時首都）重慶があった。日本軍はなぜそのようなところで戦いを始めたのか。また、この作戦でも浙贛作戦と同じく、毒ガス弾が使用された。そのなかで、第三師団はどのように戦ったのか検討する。

第五章は、一号作戦を取り上げる。この作戦は、日中戦争史上最大の規模で、戦線も河南省から貴州省まで到達した。補給線はすでに延びきり、将兵は現地調達を繰り返し、日々の飢えを凌《しの》いだ。日本軍は戦争末期、何を目的にそのような戦いを起こしたのか、そこで第三師団はいかなる戦いを繰り広げていったのかたどっていく。

最後に、以上の検討をとおして、なぜ日中戦争はこのように長く泥沼の戦いとなったのか、その原因を考える。

なお、本書中の引用文は読みやすさを考慮し、カタカナ書きの場合はひらがなに直した。

また、旧字、旧かなは人名など一部を除き、新字、新かなに改めた。句読点も適宜補っている。

用語について。今日では差別的とみなされたり、使用が控えられたりしていることばは、引用文中や一部固有名詞のみ、そのままとする。頻出する長い呼称は、煩雑さを避けるため、初出および一部を除いて、基本的に略称を用いる。例えば、中国国民党は国民党、中国共産党は共産党または中共、国民革命軍は中国軍または（日本軍から見た）敵とする。

本書で使用した文献について。本文中には資料名、または書名のみ示す。ただし、学術論文と部隊史に収められている回想は、初出のみ執筆者名も加える。

# 目次

# 第一章　最初の敗北——第二次長沙作戦

## 第二次長沙作戦(1941.12−1942.1)

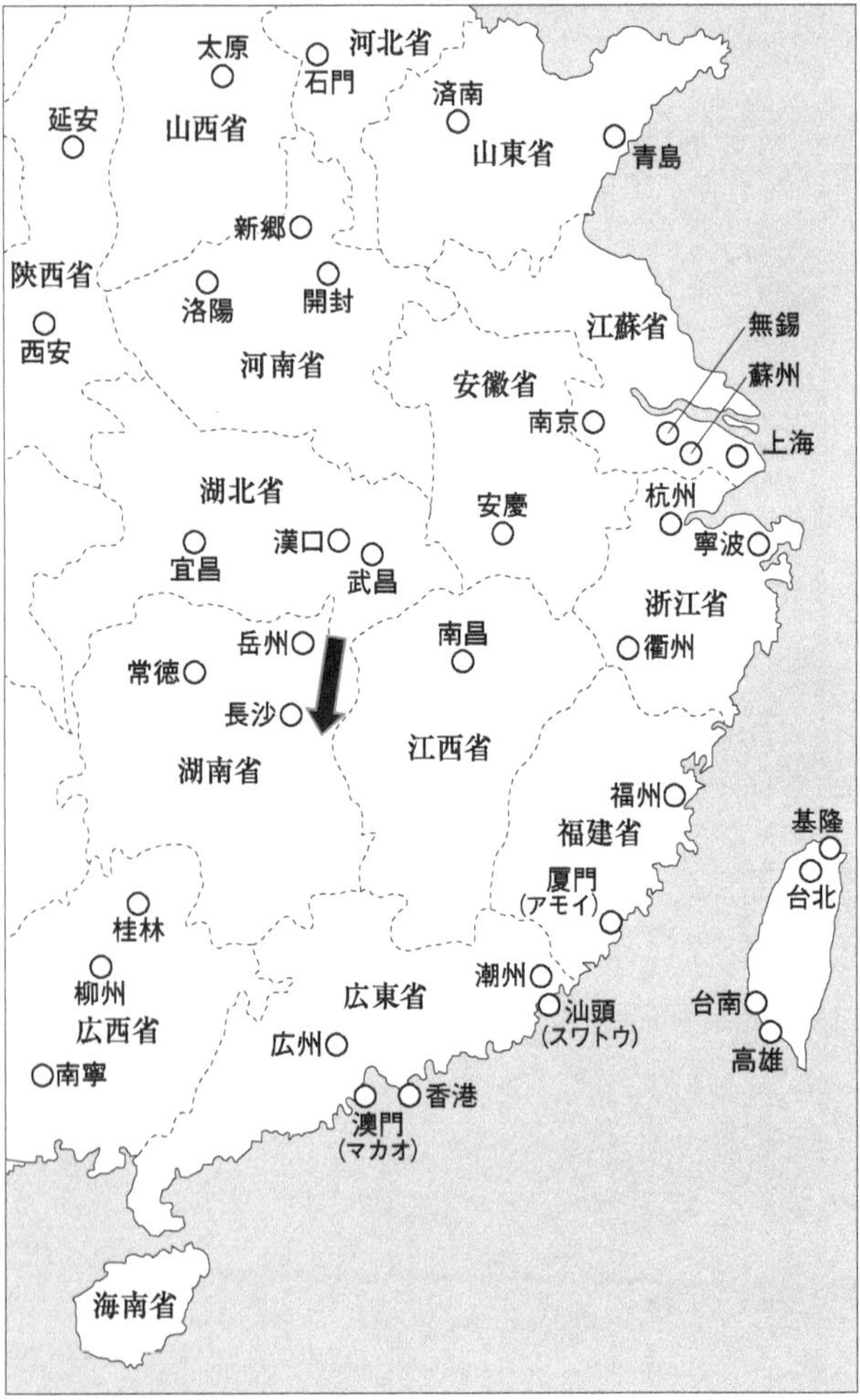

## 第一節　因縁の長沙

### 陽動作戦として計画される

マレー作戦が始まると、中国戦線の陸軍作戦を統括する支那派遣軍司令部は、大本営が策定した計画に基づき、香港《ホンコン》攻略作戦を開始した。

この作戦は、およそ次のとおりである（『香港・長沙作戦』）。まず、広東省に駐屯する第二三軍の一部が日本海軍の協力のもと、九龍《クーロン》半島を攻略する。次に、その周辺の諸島にある施設を破壊しながら、水道を越えて九龍半島対岸の香港島に上陸し、これを占領する。

香港はアヘン戦争以来およそ百年間、イギリスの極東進出の象徴とされた地である。そればかりでなく、同地は極東英軍の基地となり、九龍半島には、北から香港を守るための要塞が築かれたのだ（一九三八年一〇月、要塞は日本軍の広東作戦で放棄された）。

中国にとっても、香港はイギリスとの良好な関係を維持するうえで重視され、同地を守るため、両国の間で軍事的な協力が図られた。例えば、四〇年八月に蔣介石が香港に軍事使節団を派遣し、在港中国人による義勇軍の編成と、華南駐屯の部隊との連合作戦の実施を提案している。そして、日本軍が香港作戦を開始すると、中国の正規軍である国民革命軍は、華中や華南にあった部隊を香港方面に向かわせ、日本軍に対抗させたのであった（『香港・長沙作戦』）。

この香港をめぐる戦況の変化を受けて、第三師団が所属する第一一軍の軍司令官阿南惟幾《あなみこれちか》中将は、香港作戦に連動した第二次長沙作戦（「さ」号作戦。中国側呼称は第三次長沙会戦）の実行を決めた。

実は阿南と、このとき第三師団長を務めていた豊島房太郎《てしまふさたろう》中将には、この作戦になみなみならぬ決意があった。その決意とは、いったい何か。第二次長沙作戦とはいかなる戦いであったか。これらを紐解《ひもと》く前に、まず舞台となった長沙とはいかなる場所か見ていきたい。

## 「湖広熟すれば、天下足る」

長沙は、湖南省の省都で、長江《ちょうこう》の支流、湘江《しょうこう》の下流に位置する。湘江を挟んで市街地の西部にある岳麓山《がくろくさん》は、古くから漢詩に歌われた風光明媚《めいび》な景勝地であった。その山の麓《ふもと》にある岳麓書院は、中国四大書院（前近代の私塾）のひとつに数えられる。

長沙の歴史はすでに紀元前からあり、この地をめぐっていくつもの王国が覇を競い合った。それを可能にしたのが、長沙の北部一帯に広がる洞庭湖《どうていこ》平原で栽培された豊富な穀物の存在である。ここで生産された米穀は、多くの中国民衆の胃袋を満たした。これを称して、「湖《こ》広《こう》熟すれば、天下足る」と言った。古代の王国は、洞庭湖平原を支配することで、兵を充分に養えるだけの自給自足ができたのである。

日中戦争でも、長沙は華中地域の重要な軍事拠点のひとつとなる。長沙を含む湖南省東部一帯を防衛していたのが、国民革命軍の第九戦区であった。

戦区とは、日本陸軍の総軍に相当する。総軍はひとつの大きな戦域の軍事行動を統括する組織で、日中戦争では支那派遣軍がそれにあたる。

一九三七年八月一三日、第二次上海事変が始まると、中国の最高統帥機関である中国国民政府軍事委員会（委員長蔣介石）は、日本軍を持久戦に追い込んで消耗させ、最終的に勝利を手に入れるという戦略を立てた。

その方針に基づき、同委員会は、広大な中国戦線を統括するため、五つの戦区を新たに設ける。戦区は司令長官の指揮のもと、複数の集団軍（日本軍〔以下同じ〕の方面軍に相当）、軍団、軍、師（師団に相当）などを率いて、所轄地域の防衛にあたった。

阿南惟幾第11軍司令官
（1941年4月）

戦区は、終戦までに計一二個作られた。このうち、一九三八年六月、戦線の拡大にともない、長江中流域の湖北省、江西《こうせい》省、湖南省の三省が境を接する地域を防衛する部隊として結成されたのが第九戦区である。第二次長沙作戦での同戦区の兵力は、三個集団軍、八個軍などからなる約三〇万人に上った（『中国抗日戦争正面戦場作戦記下』）。

なお、湖北省武漢（漢口《かんこう》、漢陽《かんよう》、武昌《ぶしょう》からなる。武漢三鎮）が日本軍に奪われてから間もない、一九三八年一一月、蔣介石は長沙が日本軍の占領目標にならないよう、湖南省政府主席の張治中《ちょうじちゅう》に命じて、長沙城内（城内とは、市街地の周りを城壁が取り囲んでいたことによる）に火を放ち、日本軍が利用できないよう焦土化した。長沙大火といわれたこの放火で、長沙の市街地のうち三分の二が焼失し、住民二万人余りが命を落とす。

放火という措置は、住民のことを無視したあまりにも理不尽なやり方であったため、鎮火直後から激しい非難の声があがった。これを抑えるため、蔣介石は、長沙警備司令の酆悌《ほうてい》ら関係者三人を責任者とみなして処刑し、彼らに罪をなすりつけた（『蔣介石伝』）。

## 阿南と豊島は長沙進攻に燃えていた

第二次長沙作戦を実行するにあたり、阿南と豊島が抱いていた決意とはいったい何か。この発端は、第二次長沙作戦の三ヶ月前、一九四一年九月に行われた第一次長沙作戦（当初の作戦名は加号作戦。中国側呼称は第二次長沙作戦）にまでさかのぼる。

　支那派遣軍によると、第一次長沙作戦の目的は、抵抗を続ける第九戦区に打撃を与えて戦力を弱めることであった。作戦は満洲事変発生の記念日にあたる九月一八日より開始。二七日、第一三師団から戦闘に参加していた早淵《はやぶち》支隊（支隊長早淵四郎《しろう》少将。支隊は特別な作戦任務に就くために本来の指揮系統から分離した部隊をいう）が、直前まで第九戦区司令部のあった長沙城内を占拠し、作戦を終える。

　長期持久戦突入後、日本軍は中国戦線がこれ以上拡大しないよう、敵の拠点や都市を攻略しても、特別な場合を除いて占領せず、作戦部隊を足早に前線から退かせていた。第一次長沙作戦の場合もこの方針が守られ、一〇月一日、早くも早淵支隊は長沙を後にする。第一一軍司令官として作戦を指揮していた阿南にとって、長沙から部隊を退かせることは、その日本軍の方針に従ったままでであった。

　しかし、中国側はこの早淵支隊の動きを見逃さない。同隊が長沙を離れると、蔣介石は、ただちに全国に向けて長沙が日本軍の占領を免れたと発表した。長沙からの素早い撤収が、かえって中国側の逆宣伝に利用されたのだ。後になってこのことを知った阿南は、不満を露《あら》わにし、ふたたび長沙を奪い取って借りを返すと決意する。

　一方、第一次長沙作戦で第一一軍主力の第三師団を率いた豊島は、九月二四日、阿南から長沙南方の敵を追撃するよう命令を受けた。しかし、長沙に向かう途中で、第三師団は別の敵部隊に進路を阻まれる。そして、同師団がその敵と戦っている間に、彼らと同じく阿南から命令を受けていた早淵支隊に長沙が占領されてしまう。結局、第三師団は、長沙方面に進むことを諦《あきら》め、そこからさらに南に下った株州《しゅしゅう》（株洲）を占領した。

豊島をはじめ、第三師団の将兵は、命令を受けたにも拘《かかわ》らず、長沙までたどり着けなかったことを後悔した。その思いが冷める間もなく、第二次長沙作戦が始まる。豊島は第一一軍司令部のなかで長沙進攻を作戦目標とすることに慎重な意見があることを知ると、「第三師団は一寸《ちよつと》不平の様なり。長沙に行き度《た》き様」（『香港・長沙作戦』）と、作戦計画に不満を示した。また、第三師団内でも、どこからともなく、「今度は、わが師団は長沙に行くのだ」（同右）という話が広がった。

長沙進攻に燃える阿南と豊島、そして第三師団将兵の強い思いが、第二次長沙作戦を突き動かしていったのである。

### 第二次長沙作戦VS天炉戦法

香港作戦が発動すると、第九戦区からは第四軍や第七四軍など数個軍が香港方面へ向かった（『楚天雲』）。

この中国側の動きを察知した第一一軍参謀長の木下勇《きのしたいさむ》少将は、一三日、同軍参謀らと意見を合わせたうえで、阿南に香港へ向かう敵部隊を牽制するために、再び長沙作戦を実行してはどうかと提案したのだ。長沙進攻の希望を持っていた阿南は、この木下らの意見を受け入れ、「茲《ここ》に於《おい》て、軍は決然立ちて汨水《べきすい》方面に攻勢を採るに決し、6D（Dは師団のこと——引用者注）主力、40D、3Dの約半部を使用すべき準備命令を下し、総司令官に電す」（「秘従軍日誌　日支事変（大東亜戦争）三」、「阿南惟幾関係文書」所収）と、作戦実施に立ち上がったのである。

ちなみに、汨水（汨羅《べきら》、汨羅江《べきらこう》）とは、長沙北方を通って洞庭湖に注ぐ河川で、並行する新墻河《しんきょうが》とともに、湖北省方面から長沙を襲ってくる敵の進路を阻んでいた。

一二月一五日、第一一軍が決定した作戦計画によると、作戦期間は同月二二日前後から約二週間とし、まず、第六師団と第四〇師団が新墻河を越えて、左岸の二〇軍を撃破する。次に、第三師団が第六師団の右側を進んで汨水を突破し、左岸の第三七軍を攻撃して作戦を完了するとされた。

木下は、第二次長沙作戦は、あくまで第二三軍の香港作戦を成功に導くための陽動作戦であり、「汨水の線にて何等敵に打撃を与へ得ざる場合また自然長沙まで行き度くなる事あらんも、之《これ》は先《ま》づ先づ戒むべきか」（『香港・長沙作戦』）と、作戦が計画を逸脱して長沙進攻にまで拡大することを懸念した。これは、長沙進攻に熱を上げる阿南と豊島の存在が念頭にあったためだ。案の定、豊島と第三師団は、後に計画になかった長沙進攻を言い出すのである。

阿南らが長沙を攻めてしまうのではないかと心配したのは、木下だけではない。第一一軍隷下の第四〇師団長の青木《あおき》成一《せいいち》中将は、阿南に「今度湖南に作戦する場合には、汨水を越えてはいけませんよ」（同右）と、忠告した。

二二日、阿南は作戦の指揮にあたるため、湖南省岳州《がくしゅう》（岳陽《がくよう》）の戦闘指揮所に向かった。このとき、木下は阿南に対し、各部隊に会ったときは、「『長沙に行く行く』と云《い》はれざる様にする」（同右）よう注意を促した。なぜなら、部下から長沙を攻めたいと求められたら、同じ気持ちの阿南は容易に応じてしまうためであった。第二次長沙作戦は、このように作戦開始前から大きな危険をはらんでいたのである。

一方、中国側は、第一一軍の進攻にどのように備えていたのか。湖南省は長期持久戦を続けるうえで、必要な穀物の大生産地であっただけでなく、陪都《ばいと》の重慶につながる重要ルート上に位置していた。そのため、国民革命軍は、省都である長沙の防衛に最大限の関心を払っていた。

第一次長沙作戦終了後の一九四一年一〇月中旬、蔣介石ら国民革命軍首脳は、湖南省南岳《なんがく》（衡山《こうざん》）に主要な軍長や師長を集めて軍事会議（第三回南岳軍事会議）を開催した。この席で、

## 第二次長沙作戦行動要図(長沙進攻決定後)

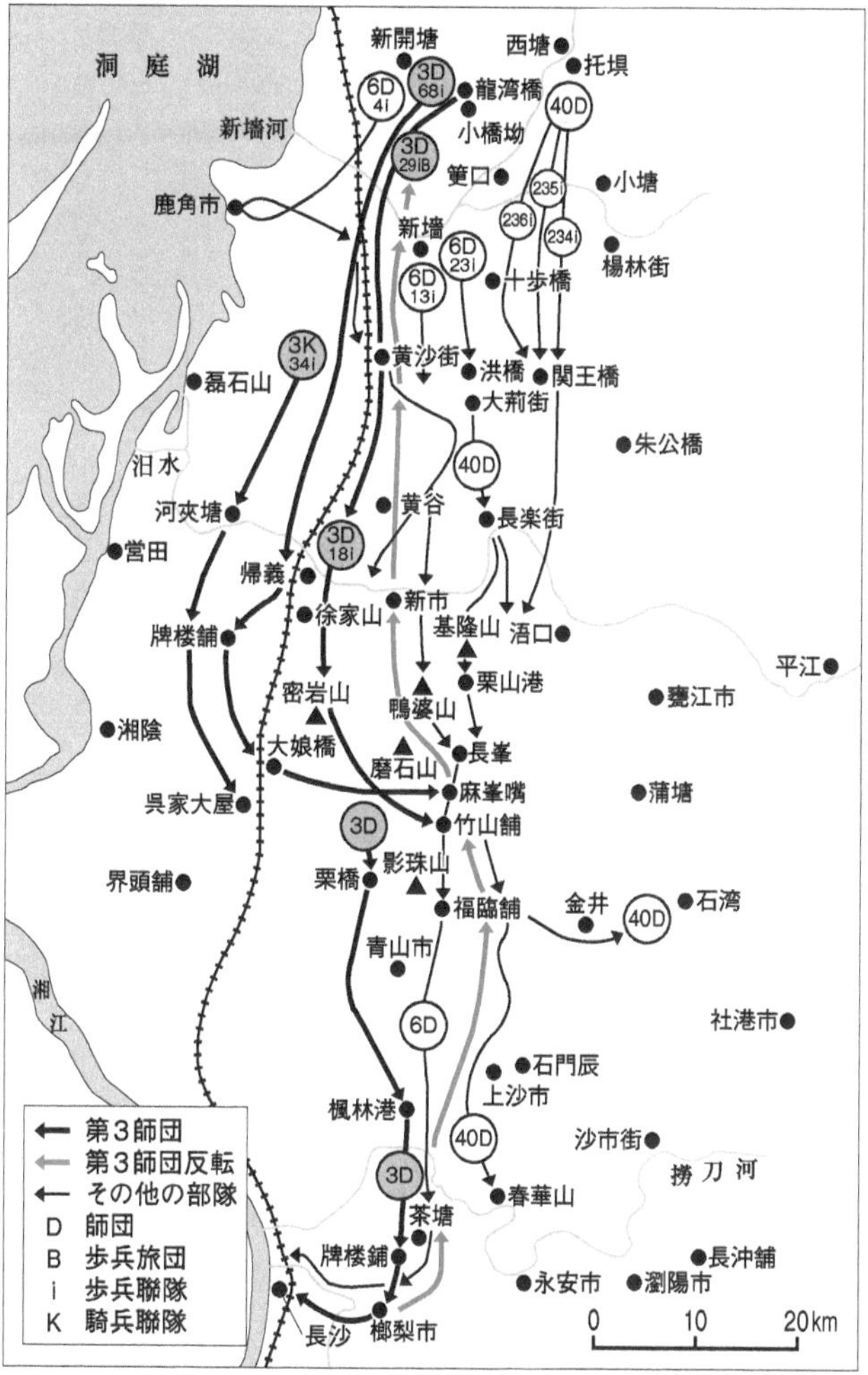


『第三師団通信隊誌』より改変作成

蔣介石は長沙での敗北を踏まえ、今後の戦闘方法を日本軍の「時間を奪い、持久戦によって敵の攻撃を頓挫《とんざ》させ、機会に乗じて敵を撃滅する」とした。また、戦略方針は、「敵軍の最大目標となっている基地と重要拠点のすべてについて、必ず大軍で防備し、厳重に警備をする」とし、戦術については「敵の状況が判明する前に、主力部隊を結集させ、彼らをしっかりと掌握し、機会を待って進攻に移る」(「八年抗戦中之三次長沙会戦」、『長沙会戦　上』所収)と定めたのであった。

軍事会議の決定を受けて、第九戦区司令長官の薛岳《せつがく》は、第一一軍の進攻に備え、ある一計を案じる。その名は「天炉戦法《てんろせんぽう》」。この戦法とはいったい何なのか。薛岳は次のように語る。

天炉戦法とは、予想された作戦地に、縦に深く網目のような形をした野戦陣地を構築し、必要な守備部隊を配置して、待ち伏せ攻撃、誘導攻撃、側面攻撃、退路遮断、追撃などの手段を用いて、徐々に敵戦力を消耗させ、その抗戦意欲を挫《くじ》く。その後、優勢な兵力で決戦を挑み、反撃し、包囲して返し、敵を殲滅する。おそらく、この後退しながら決戦を挑む方法は、敵が変化を繰り返しながら殲滅に至るという新しい戦略で、まるで、溶鉱炉で鉄が徐々に溶けていくように、また、火をつけて煉丹《れんたん》(仙丹とも。鉱物などを熱してできる不老長寿の秘薬——引用者注)ができあがるようになろう。その様から

この名をつけた。（「長沙三次大会戦」、同右）

そして、天炉戦法に基づいて考えられた具体的戦術は次のとおりである。

調べた地形とこれまでの戦いの経験から、新墻河と汨水の間を待ち伏せ攻撃と誘導攻撃の地帯とし、撈刀河《ろうとうが》と瀏陽河《りゅうようが》の間を決戦地帯とする。そして、戦場の民衆には、田畑の耕作と貯水、道路工事を急がせる。これにより、今回の敵の進攻は、天のような大きな炉のなかに自ら飛び込むようなものとなり、私は彼らに溶ける機会を与えるようなものである。（同右）

第九戦区が長沙周辺の民衆に耕作などを急がせたのは、日本軍に収穫前の作物を取らせないためだけでなく、彼らを陣地構築や輸送、警戒連絡の伝達などに従事させるためだ。これら任務に動員された民衆の総数は二〇万人以上に達した（『香港・長沙作戦』）。

はたして、第二次長沙作戦は、日本軍の予定したとおりに実行され、勝利を収めたのか。あるいは、薛岳の編み出した天炉戦法が功を奏したのか。

## 第二節　日中両軍の作戦部隊の戦力比較

### 兵力は前回の三分の二から半分、火器も難あり

第二次長沙作戦の戦いの様子を見る前に、日中両軍の作戦部隊についてまとめる。まずは、日本軍から（同右）。なお、第三師団は師団以下の部隊も示した。

第一一軍（軍司令官阿南惟幾中将）――第三師団、第六師団、第四〇師団、澤《さわ》支隊（独立混成第一四旅団より）、独立混成第九旅団、外園《ほかぞの》支隊（独立混成第一八旅団より）、野口《のぐち》支隊（第三四師団より）、軍工兵隊、第一一野戦輸送隊、軍直轄部隊。

第三師団（師団長豊島房太郎中将）――石川《いしかわ》部隊（隊長石川忠夫少将。歩兵第一八聯隊《れんたい》、野砲兵第三聯隊など）、宇島《うじま》部隊（隊長宇島良雄大佐。騎兵第三聯隊、歩兵第三四聯隊第二大隊など）、的野《まとの》部隊（隊長的野憲三郎大佐。歩兵第六八聯隊、独立山砲兵第五二大隊など）、師団直轄部隊（歩兵第六聯隊第二大隊など）、輜重《しちょう》隊（輜重兵第三聯隊など）。

このときの第一一軍の総兵力は約七万人（約一二万人とも）であった。第一次長沙作戦のときと比べると、およそ三分の二から半分ほどに減少していたのである。なぜ、それほどまで少なかったのか。

その理由は三つある。ひとつ目は、第二次長沙作戦が第一次のそれが終わってからわずか三ヶ月しかたっていなかったため、戦力を回復するだけの時間的な余裕がなかった。ふたつ目は、そもそも第二次長沙作戦は香港作戦に連動した陽動作戦であり、中国軍との本格的な戦闘を想定していなかったため、大軍を必要としなかった。三つ目は、第二次長沙作戦の始まる前に、第一一軍が大本営の方針で兵力の削減を受けていた、などである。

一九四一年一月一六日、大本営は「対支長期戦指導計画」を策定し、日中戦争の長期化に備え、中国側への軍事的圧力を保持しながら、中国戦線に展開していた陸軍兵力を整理し、削減することを決める。

この計画のもと、九月初め、大本営は南方進攻作戦、作戦名「あ」号作戦の実施に向けて、支那派遣軍に隷下の一部部隊を南方へ転出させるよう命令。これに対し、畑総司令官は、中国戦線の重要性を訴えて、その命令に抵抗した。

その後、大本営と支那派遣軍総司令部との間で協議が行われ、支那派遣軍は南方に転出されることを前提に、第一一軍から第四師団を戦闘序列から外して大本営直轄部隊とし、上海に移動させる。また、第一一軍から華北に派遣されていた第三三師団も、後にビルマ進攻作戦で中核を担う第一五軍に転用された。

そして、支那派遣軍は、第一一軍の戦力低下を補うため、一一月一八日、山西省太原《さんせいしょうたいげん》に駐屯していた独立混成第九旅団を同軍の隷下に入れる。しかし、第二次長沙作戦が始まるまでに、同旅団は長沙の戦場にまでたどり着くことができなかった（同右）。

仮にそのような状況であったとしても、支那派遣軍は、少ない兵力をカバーできるだけの兵器を保有していたのではないか。戦争を題材にしたテレビドラマや小説の影響で、一般的な日本陸軍の戦いのイメージは、銃剣を握って敵に向かって突撃する白兵戦であろう。しかし、それは遠く日清戦争の頃の話で、すでに機関銃など自動火器が普及した日中戦争になると、歩兵戦では火器の総量の差で勝負がついた。日中戦争では、日本軍は火器のおかげで、一個歩兵聯隊で中国軍の一個師を倒すことができたのであった。

当時の日中両軍の火器戦闘について、軍事史研究家の藤井《ふじい》非三四《ひさし》は次のように解説している。

> （日本軍は——引用者注）まず、機関銃を中心とした歩兵固有の火力によって、中国兵が手榴弾《しゅりゅうだん》の投擲《とうてき》距離まで接近するのを阻止する。指揮所や迫撃砲の陣地などが確認できれば、大隊砲や擲弾筒《てきだんとう》で撃ち掛ける。そして急ぎ連隊砲や砲兵連隊を呼び寄せて砲撃を加える。たとえそれが一門、二門でも、中国軍は必ず後退する。なぜならば、迫撃砲主体の中国軍には精密な砲撃に対抗できる手段がないからだ。（『帝国陸軍師団変遷史』）

この藤井の分析を正しいとするなら、第一一軍の兵力が少なくなったところで、火器が充分にあれば問題はなかったはずだ。

それでは実際に、第二次長沙作戦において第一一軍の火器の保有状況はどうであったか。第三師団石川部隊で野砲兵第三聯隊小隊長を務めていた大岩忠二は、このように振り返る。

　平時、野砲一ヶ中隊の編成は砲四門であるが、作戦に出る時は砲二門であった。しかも野砲ではなく山砲であった。その山砲も敵からの分捕品であった。日本には最前線で使う日本製の大砲はないのであろうか。敵の山砲でも日本軍が使用すれば「砲兵の生命」である。この敵の山砲を見ただけでも日本は自滅の道を歩いているなあ！と思った。

（「第二次長沙作戦（大陸敗戦行記より）」、『野砲兵第三聯隊史』所収）

この大岩の回想から、第一一軍は、兵力だけでなく、優秀なはずの火器にも一抹の不安を抱えていたことがわかる。なお、作戦に際し、第三師団が装備していた弾薬は、小銃弾薬が歩兵小銃手ひとりに一二〇発、工兵ひとりに九〇発、それ以外に六〇発、手榴弾は歩兵小銃手ひとりにひとつ、それ以外は三人にひとつとされた。

このほか、食料（口糧）は兵ひとりにつき、二日分の携帯口糧、帯同していた大行李《だいこうり》と呼ばれた補給部隊にそれぞれ口糧一日分、粉味噌《みそ》三日分、若干の梅干し、タバコ、甘味があるだけであった（『香港・長沙作戦』）。仮に阿南の希望どおり長沙まで進攻し、作戦期間が延びたら、兵力に不安を抱えたうえ、食料もこれでは足りず、後方からの補給を待つか戦場で調達するしかなかったのである。

なお、戦地で日本軍が食料などを調達するときは、徴発という方法が取られた。教育総監部が将校に向けて戦時における服務一般についてまとめた『戦時服務提要』によると、徴発は、師団長など部隊の指揮官が指定した地域で物資の調達を行う。その際、物資の提供者にはその場で相当額を支払うか、後日賠償するために証票を渡すこととなっていた。しかし、実態はこの規定が守られず、地域も指定されないまま住民から物資を奪う略奪行為が横行していたのだ（『中国戦線従軍記』）。

**第九戦区の戦力と作戦計画**

一方、長沙の防衛に当たる第九戦区のおもな部隊は次のとおりである（『中国抗日戦争正面戦場作戦記　下』）。

第九戦区（司令長官薛岳）――第一九集団軍、第二七集団軍、第三〇集団軍、第四軍、第一〇軍、第二六軍、第三七軍、第七三軍、第七四軍、第七九軍、第九九軍、第二〇師、第三挺身縦隊、第四挺身縦隊、総兵力約三〇万人。

一二月二〇日、薛岳は天炉戦法に基づき、各部隊に作戦命令を発した。おもな部隊の配置と作戦計画を簡単にまとめる。

第二六軍――はじめに瀏陽河の現陣地を確保し、次に日本軍が同河右岸まで進攻してきたら、東から西へと反撃する。

第七八軍――隷下の新編第一五師、新編第一六師などを二五日までに汨水上流の平江《へいこう》およびその西南地区に集結し、まず平江と江村市《こうそんし》を確保し、その後、日本軍が瀏陽河と長沙に進攻したら、第三七軍とともに東北から西南に向けて敵を側面から攻撃する。

第二〇軍（第二七集団軍隷下）――同軍隷下の第一三三師と第一三四師は、日本軍が新墻河を強行渡河して南進してきたら、構築した陣地で激しく抵抗し、徐々に敵の兵力を消耗させる。この抵抗を一〇日以上続け、中国側の戦略が実行できる充分な時間を稼ぐ。以上を成功させた後、新墻河と汨水の間にある関王橋《かんおうきょう》と三江口《さんこうこう》の陣地に進んで、汨水の右岸と左岸から進撃してくる日本軍に対し、側面攻撃と追撃を行う。

第三七軍――はじめに、汨水左岸の陣地で日本軍の攻撃に激しく抵抗する。それを一五日以上続ける。それが終わったら、汨水から南に下った杜《と》港市《こうし》、更鼓《こうこ》台《だい》、金井《きんせい》の間にある山地に後退する。そして、日本軍が瀏陽河と長沙に進攻してきたら、第七八軍と協力して長沙の南側に回り、攻め込もうとする敵を撃退する。

第九九軍――汨水左岸の粤漢線《えつかんせん》（漢口―広州《こうしゅう》）沿線の帰義《きぎ》と三姐橋《さんそきょう》、および汨水下流の営《えい》田《でん》と湘陽《しょうよう》を確保し、拠点の構築と洞庭湖南岸の防衛を行う。そのうえで、日本軍が長沙に攻め込んできたら、隷下の第九二師と第九九師に命じて、長沙を襲った敵を西北と東南から挟み撃ちする。

第一〇軍――長沙の防衛態勢を築き、瀏陽河右岸まで進んだ日本軍が長沙の攻撃を始めてから三日たったところで、西から東に向けて敵に反撃を加える。

これら第九戦区各軍の配置をみると、おもに汨水の上流と下流、瀏陽河と長沙の周辺に部隊がまとまっており、汨水中流から長沙までは空間が広がっていたことがわかる。彼らを地図上に置くと、まるで鍋《なべ》、または炉の入り口に似た形になり、日本軍が自らそこに吸い込まれていくようになる。まさに、これこそが天炉戦法なのであった。

なお、第九戦区には、以上の正規軍のほかに、湖南省の政府機関が独自に組織した地方遊撃隊（ゲリラ部隊）や、抗日に逸《はや》る民間人によって結成された武装団体がいくつも存在した。例えば、臨湘国民兵団は、一九三八年一一月に結成され、国民革命軍に従ってゲリラ戦を展開し、湖南省周辺で展開する日本軍を翻弄《ほんろう》する。彼らは活躍とともに装備も充実し、結成当初はわずか歩兵銃三四丁《ちょう》しか備えていなかったが、第九戦区歩兵第一団の隷下に入って以後、歩兵銃一四八三丁、軽機関銃三一挺《てい》を有するまでになった（『抗日戦争時期的湖南戦場』）。

## 第三節「天炉」の中へ

### 悪天候に襲われる（一二月二四日〜二五日）

ここからは、第三師団の動きをたどりながら、第二次長沙作戦の展開を見ていく。一二月二三日、第三師団は、第一一軍司令部から次の命令を受ける。

第三師団は、二十五日払暁一部を以《もっ》て潼渓街《とうけいがい》附近の敵陣地に対し砲撃を実施して第四十師団の攻撃に協力せしめ、主力は第六師団の右側に転じ、新墻河を渡河し、所在の敵を捕捉《ほそく》しつつ帰義附近に退出すべし（『香港・長沙作戦』）。

そして、第三師団も第一一軍司令部の命令に基づいた以下のような作戦計画を立てた（『騎兵第三聯隊史』）。

師団は一二月二五日、第六師団の攻撃開始後、同師団の右側に転移し、二六日までに帰義北方地区に進出し、汨水左岸地区の敵に対し攻撃を準備し、二四日《ママ》（二七日の誤り——引用者注）夜、帰義以西における敵線を突破前進して、神鼎山《しんていざん》南側地区より福臨舗《ふくりんぽ》及び花山楼《かざんろう》（金井西北八キロ）方向に旋回攻撃し、左翼師団の北方よりの攻勢と相俟《あいま》ち、敵第三一軍を該地区に包囲撃滅す。

しかし、この作戦計画には、「状況により長沙進攻作戦を実施せらるることあるを予期し、所要の準備に遺憾なからしむ」と、第一一軍司令部の命令にはなかった長沙進攻が想定されていたのである。これは、長沙占領を目指す豊島師団長の意向が大きく影響したと推察される。

なお、豊島は第二次長沙作戦開始予定日の一二月二五日付で留守近衛師団長に転任することが決まっていた。作戦準備中、第三師団参謀長の山本《やまもと》清衛《きよえ》大佐からそのことを告げられた豊島は、「転任のことは一切黙っておれと命じ、赴任延期方を陸軍省に申請して作戦に参加した」と、命令に反発した（『香港・長沙作戦』）。第一次長沙作戦で長沙まで行けなかった悔しさを晴らすチャンスが来ているのに、素直に転任に応じることは、豊島にとって考えられないことだったのだ。

これより以前、第三師団の各作戦部隊は、第二次長沙作戦の実行に向けて準備を整えるとともに、岳州方面に集結するよう命じられていた。

宇島部隊は、一二月一〇日、湖北省孝感《こうかん》で編成を完了し、一六日に同地を出発。漢口、武昌をへて、二三日、岳州の南東二〇キロ地点の集落、小橋拗《しょうきょうよう》南方地区に到着した（『騎兵第三聯隊史』）。そのほかの部隊も続々と集まっていたが、列車で向かっていた一部の部隊は、粤漢線の事故の影響で作戦開始までに集結地へたどり着けなかった。

二四日夕方、第三師団とともに作戦に参加する第六師団と第四〇師団は、軍命令に基づいて進軍を開始し、早くも新墻河を渡りきった。これに続き、第三師団も二五日早朝、作戦行動を開始する。

前述のとおり、第九戦区の作戦計画面では、第二〇軍の二個師が新墻河を渡ってきた日本軍に対し、一〇日間激しい抵抗を続けることになっていた。しかし、実際には、七日未明、二個師は一部部隊を残し、早くも関王橋方面に後退する（『中国抗日戦争正面戦場作戦記 下』）。これにより、第九戦区は、当初の想定よりかなり早く、日本軍を「天炉」の中へ迎え入れることになったのである。

このように、第二次長沙作戦はきわめて順調にスタートしたが、このとき、第一一軍の作戦部隊を唯一困らせたのが悪天候であった。作戦が開始されたときから、新墻河上空はどんよりとした雲に覆われ、「雪は粉々として降り洞庭湖上を渡る寒風は膚《はだ》を刺した」（『歩兵第三十四聯隊史』）と、雪と凍える寒さに見舞われたのだ。中国本土の真ん中からやや南東に位置する湖南省は、夏は蒸し暑く、気温も連日三五度以上に達する。しかし、一転して冬になると、気温が零下まで下がり、洞庭湖の湖面に雪が舞うこともしばしばであった。

第三師団が作戦を開始した日、香港では英軍が降伏し、香港作戦が終了する。このため、同作戦の陽動作戦であった第二次長沙作戦は、事実上、この時点で意味をなさなくなった。しかし、岳州の戦闘指揮所にいた阿南から作戦中止の命令が出ることはなかった。

香港作戦が終わった日、阿南は日記に次のように記した。

爾後《じご》作戦を長沙迄《まで》伸ばすや否や、広東、香港方面の情況、及仏印《ふついん》方面等の関係を顧慮するを要するも、一般、当面の敵情より考ふるときは、右の如く指導せば、極めて容易に長沙、抹《ママ》州迄は進出し、広東方面牽制には大なる力あるべきも、反転、患者輸送等に少々難しき点を生ぜん。参謀長に研究を命ず。（「秘　従軍日誌　日支事変（大東亜戦争）三」）

阿南は、現在の戦況ならば簡単に長沙まで進むことができ、それは香港に迫っていた中国軍に対する牽制にもなると、長沙進攻を正当化したのだ。

この日の昼、阿南は第二次長沙作戦の作戦案を検討していた作戦主任参謀の島村矩康《しまむらのりやす》中佐らを連れて、洞庭湖の湖畔に建つ名所、岳陽楼《がくようろう》を訪れた。この楼閣は、高さ二一メートル、三階建ての木造の建物で、洞庭湖に映る景色から、多くの文人墨客によって詩に詠まれている。

例えば、唐《とう》の詩人杜甫《とほ》は、岳陽楼から洞庭湖を眺めたときの思いを「岳陽楼に登る」（「登岳陽楼」）に認《したた》めた。彼は、洞庭湖の美しい水面を見たときに、年老いた自分を振り返り、家族や友人からの便りはなくなり、故郷に帰ろうとしても戦乱でそれが叶《かな》わないと涙したのだ。

また、北宋《ほくそう》時代の文人官僚、范仲淹《はんちゅうえん》は、岳陽楼の改修の記念として『岳陽楼記』を著した。このなかには、「天下の憂に先んじて憂い、天下の楽に後れて楽しむ」（「先天下之憂而憂後天下之楽而楽」）と、今日でも通じる政治指導者が目指すべき理想が表されていた。

後に陸軍大臣にまで昇りつめる阿南は、これらの故事も基礎知識として身につけていたであろう。岳陽楼の上で、島村らにこう話す。

春、五月、参謀長、中吉《なかよし》参謀を伴ひ、楼上より、長沙攻略すべし、山河《さんが》堅塁《けんるい》、何障碍《しょうがい》ぞやと呼号し長沙作戦の決心をなし、大戦果を得たる思出多き所、今日再び南 瀟湘《しょうしょう》を極め雄図勃々《ぼつぼつ》たり。先憂後楽《せんゆうこうらく》の岳陽楼記中の一句、又、吾人《ごじん》の戦陣中にも教ふる所、大なり。（同右）

第一次長沙作戦の際も、阿南は戦いの前に木下参謀長らを岳陽楼に招いて、作戦遂行の決意を述べた。阿南にとって、岳陽楼は長沙占領という自身の願いを強くさせる場所であった。そして、ここに島村を連れてきたのも、彼に第二次長沙作戦でも決意は揺るがないと伝えたかったためであろう。

### 極寒の汨水を渡る（二六日〜二八日）

二六日、第一一軍司令部から各作戦部隊に対し、新たな軍命令が発せられる。このなかで、第三師団は二九日未明までに汨水を渡り、帰義南方の丘陵地にいる中国軍への攻撃準備に入るよう指示された。この日、同師団は、当初の予定どおり、第六師団の右側に進路を取り、帰義に面する汨水右岸まで進む。

前線部隊が汨水に差しかかったとき、汨水左岸の中国軍が逐次後退しているとの知らせが届く。これを聞いた豊島は、「師団は、軍外翼兵団たるを以て、速かに敵退路に迫る必要上、二十八日払暁迄に汨水左岸地区に地歩を進め、帰義南方高地線の敵に対し攻撃す」（『第三師団通信隊誌』）と、第一一軍の命令よりも前に汨水を越えることを決断したのであった。

その準備として、同日、宇島部隊は騎兵中隊を汨水下流の河夾塘《かきょうとう》まで派遣し、対岸に向かうための渡河点を捜索させた。さらに、同隊は後に続いてきた工兵中隊と協力して、渡河に使う小舟や渡し板などを調達する。このとき、汨水は二、三日前から降り続いた雨と雪で水かさが増していた。

的野部隊主力の歩兵第六八聯隊は、この日夕方、帰義の対岸北西一〇キロにある羅布塘《らふとう》に到着。粉雪の舞う厳寒のなか、聯隊の将兵は点在する集落の民家を利用して一夜の暖をとった。

彼らは、第二次長沙作戦について、「この作戦は、敵軍の殲滅や、陣地の破壊ではなく、南支派遣軍の香港攻略戦に呼応し、その展開を有利ならしむため、南方方面の敵を出来るだけ北上させ、中支方面に誘致する目的で、長沙攻撃はその示威のみであり、二、三日汨水の線に滞在すれば、その目的は達せられ、反転に移るものとのみ誰しもが思っていた」（『歩兵第六十八聯隊第一大隊戦史』）。まだ、このとき彼らは、この戦いが後に壮絶なものになるとは、予想だにしなかったのである。

的野部隊は、二七日午前九時、羅布塘を発《た》ち、吹雪のなか、汨水の粤漢線橋梁《きょうりょう》跡地に進み、敵の星形トーチカ陣地を突破しようとした。その矢先、同隊のもとに、午後一時から逐次汨水を越えよとの師団命令がもたらされた。

川幅およそ二〇〇メートル、水深一五〇センチメートルの汨水の渡河は昼すぎから始まった。歩兵第六八聯隊第一大隊将兵も、午後一時半から次々と、風雪によって冷え切った汨水に軍装を解くことなく飛び込む。増水した川の水は彼らの首元にまで迫り、対岸の敵トーチカから放たれる機関銃の音が辺り一面に鳴り響いていた。


非情無情な雪は益々烈《はげ》しく、兵の顔を殴ぐるかに降りしきり、水の深さは胸までも首までもあった。

敵弾の雨霰《あめあられ》と飛び来る河中に、無抵抗のまま骨の髄まで凍らせて渡った、あの、人間としての極限の苦悩は今も尚《なお》まざまざと思い出される。（『歩兵第六十八聯隊第一大隊戦史』）

彼らの命がけの苦労もさることながら、作戦に必要な武器弾薬と食料、それを運搬する軍馬を伴って行軍していた輜重隊は、さらに過酷な状況に追い込まれていた。歩兵第六八聯隊で行李隊（補給部隊のこと）を指揮していた鈴木義一は、河岸で同聯隊将兵が汨水を渡る様子を眺めながら、こう思った。

友軍の援護射撃の下、軍装のまま銃剣弾薬を頭上に捧《ささ》げて、敵弾雨下を一斉に渡河する歩兵第一線部隊の勇壮果敢な状況を、我が部隊は固唾《かたず》を呑《の》んで見守っていました。私はあの河を我が馬部隊が渡河するにはどうしたらよいかと、独り頭を痛めておりました。水深は首まであります。あの水深で人馬、積載物を安全急速に渡河させるには、どうしても船が必要です。どうか船があってくれ、と心に祈っておりました。（『第三師団衛生隊回顧録』）

その祈りは通じたか。

本隊は裸になって渡河前進して行きます。私は馬部隊を指揮して渡河点に進出、直ちに各班長と共に上、下流に馬を馳《は》せて船を探しました。幸い遥《はる》か下流に浮んでい

汨水を渡り、突撃する歩兵第234連隊（1941年12月29日）

る小さな二隻の船を見つけました。「有難い、天祐《てんゆう》だ」船さえあれば大丈夫だと一安心しました。敵は我が方に船を使用出来ない様に、態《わざ》と深い中流に錨《いかり》をおろしてあるのです。直ちに船に泳ぎつき、こちらの岸に漕《こ》ぎよせて、渡河点まで引き上げたのです。

この船に積載物を積み込み、馬は泳がせて、何回も渡河を繰り返したのです。夢中でしたので飛び来る敵弾も意に介せず、早く早くと急ぐのですが、対岸が遠浅の為、船が岸まで着かず、途中から荷物を全部担いで岸まで運んだのです。（同右）

的野部隊以外のふたつの作戦部隊は、このときどのような戦況にあったか。三つの部隊のうち、最左翼を行く石川部隊は、新墻河を渡河後、粤漢線の左側に沿って汨水右岸まで南下し、二七日のうちにそこを渡りきった。さらに二八日、同隊は、雪の止み間を突いて、帰義南東方の徐家山《じょかさん》の東側を抜け、その先の密岩山《みつがんさん》の近くまで迫る。

的野部隊の右側を進む宇島部隊も、二七日夜から翌二八日未明にかけて、河夾塘から汨水を渡り終える。彼らの行く手には、薛岳から一五日以上抵抗を続けるよう命じられていた第三七軍が陣地を構えていた。

歩兵第三四聯隊第二大隊は、汨水を越えた後、二八日明け方、師団命令に基づき、一路東南に進路を変え、福臨舗方面の磨石山《ませきざん》に向かって進撃を開始した。

その矢先の午前八時、第二大隊が、汨水左岸から二キロメートル先の葛家坪《かっかへい》に差しかかったところ、西側の台地の上から突然集中射撃を浴びる。この周辺は、綿畑が広がり、未明までの雪が一面に降り積もっていた。そのため、台地の上にあったトーチカの発見が遅れたのであった。第二大隊は、ただちに反撃を加え、トーチカを落とす。このトーチカは間口が一〇メートル、奥行きが六メートルの半地下式の構造で、内部にいた三六人の中国兵は、同隊によって捕らえられた（『歩兵第三十四聯隊史』）。

このように、第三師団の三つの部隊は、散発的な戦闘はあったものの、順調に作戦をこなした。汨水中流域を渡ろうとしていた第六師団と第四〇師団が川の増水に巻き込まれ、二九日になってようやく渡河できたことと比べると、第三師団の作戦行動の迅速さは際立っていた。これは、結果的に、軍命令よりも早く汨水の渡河を決断した豊島の判断が功を奏したといえよう。

一方、第九戦区にとっては、想定よりも早く日本軍に汨水を突破されたことになった。はたして、彼らはこの事態にどう対処したのか。

## 天炉戦法の核心

第九戦区は、天炉戦法を発動した当初から、長沙が攻撃されることを想定し、第一〇軍に防衛を命じている。

長沙は、大火後の一九三九年から城内を防衛するための土木工事が進められていた（以下、本節は「第三次長沙会戦兵力部署及戦闘経過」、『長沙会戦　上』所収）。具体的には、長沙の西を流れる湘江は天然の要害とし、それ以外の北、東、南側にそれぞれいくつものトーチカを築いた。さらに、城内を南北に走る通りには有刺鉄線が張られ、その近くにも火器を発射できる構造物が設置された。

薛岳から長沙防衛を命じられた第一〇軍長の李玉堂《りぎょくどう》は、日本軍が作戦行動を開始して以後、休む間もなく、長沙周辺に設けられたトーチカに出向き、防御態勢に不備がないか確かめたり、火器の射撃方向を修正したりして戦いに備えた。

薛岳は、新墻河と汨水での戦闘状況を分析し、今回の日本軍は、第一次長沙作戦よりも兵力が少ないことを認識した。これを踏まえ、彼はついに天炉戦法の核心とも言える作戦の準備に取りかかったのである。

まず、作戦部隊を統括する長官部指揮所を岳麓山に移す。岳麓山は、標高が約三〇〇メートルあり、山頂に登ると、手前の湘江の先に長沙城内が一望できた。ここに立っていれば、日本軍が長沙に近づく様子は手にとるようにわかった。この地の利を生かして、ここに第一〇軍の砲兵を配備した。

さらに、薛岳は長沙城内の住民を他所に避難させるとともに、城内の各種機関、および物資の配置を分散させるよう命令を出す。そして、作戦部隊に対する統制を強化し、彼らがばらばらに行動しないようにした。

すなわち、長沙城内を広く空けることで、日本軍の油断を誘い、彼らが城内に入ったところで岳麓山から砲弾を浴びせ、さらに薛岳の命令のもと、統制された作戦部隊が彼らを包囲し殲滅する計画となっていたのだ。

薛岳が、まさに天炉戦法を完遂させようとしていた一方で、第一一軍を率いる阿南は、作戦を左右する重要な決断を下す。

## 第四節　長沙攻略戦

### 長沙進攻を決断する

二五日、阿南とともに岳陽楼に登った島村参謀は、戦況を分析した末、やはり長沙進攻には慎重にならざるを得ないと考えた。

この島村の反応を知った阿南は、二六日、自ら島村の部屋まで出向き、「作戦主任等長沙を衝《つ》くべきや否や、未《いま》だ決心定まらざるものの如し。未だ戦道に徹せざるによる」（『香港・

長沙作戦』）として、深夜まで話し合う。島村は、阿南に膝《ひざ》を詰めて長沙進攻に同意するよう説得された。

二七日、阿南は日記に次のように書いた。

参謀長及島村参謀も、概《おおむ》ね全般判断上、長沙進攻を認めたるが如し。其《その》最利とする所は、1、蔣政権に不言の脅威を与へ、2、南方集結の兵力を北方に牽制す。何時湖南は蹂躙《じゆうりん》せらるゝやも知れぬ、との感を与ふ。3、皇軍は尚余裕綽《しやく》々《しやく》たるを知らしむ。4、湖南民衆をして、蔣軍恃《たの》むに足らず、と思はしむ。5、第六戦区に脅威を与ふ等、挙げて数ふべからず。断あるのみ。（「秘　従軍日誌　日支事変（大東亜戦争）三」）

このなかの五番目について少し説明を加えると、第九戦区に隣接する湖北省西部には第六戦区があり、日本軍が長沙を手に入れることで、第六戦区に対しても軍事的圧力が加わると期待された。

島村はともかく、最初に第二次長沙作戦を発案した木下参謀長は、当初、長沙まで進攻することには消極的で、長沙占領に逸る阿南に注意を促していた。それにも拘らず、なぜ彼までもここにきて阿南と意見を合わせたのか。後に、木下は次のように語っている。

　前進の時、汨水を渡河して、敵第三十七軍の三箇師を撃滅しようと考へ、若《も》しこれが撃滅出来て為に南方より敵が前進でもして来れば牽制の目的を達して、暫《しばら》くこの辺に位置することによって作戦の目的を達することが出来ると考へたのだが、敵は退却して主なるものを捕捉し得ざることが明らかになったので、長沙迄追撃し、出来れば長沙を取ることに決心した。（『香港・長沙作戦』）

　もともと、木下はたとえ汨水の線で日本軍に戦果がなくても、長沙に進むことは慎むべきであると訴えていた。この彼の変節は、島村と同様、長沙を何が何でも手に入れたいという阿南の熱意に飲み込まれてしまった結果であろう。

　阿南の熱意によって意見を曲げさせられた木下らに対し、このとき、第一一軍のなかで、何ら躊躇《ちゅうちょ》なく長沙進攻に同調していた数少ない人物が、ほかならぬ豊島であった。第三師団は、師団長である彼の的確な判断でどの師団よりも早く汨水を渡りきり、あともうひと押しで長沙まで迫るところまで来ていた。豊島はこのように回想している。

長沙は第十一軍にとって必然的に後々まで禍根になるものと考えていた。それで第二次長沙作戦に駐留地を出発する時から「この際どうしても長沙を奪取したい」と心中深く期するところがあった。しかし、それはやたらに云っても聴いて貰《もら》えぬから、肚《はら》の底に秘めて無闇に口外しなかった。そして作戦間、長沙進撃の意見具申がとおるような好機を窺《うかが》っていた。それでも二回ばかり軍に意見具申をし、それではというので長沙を奪《と》りに行った。（同右）

阿南によって、第二次長沙作戦は、陽動作戦から長沙進攻へと大きく目的が改められたのだ。

## 精神至上主義の阿南

長沙進攻をためらっていた二人の参謀の考えを捻《ね》じ曲げるほどの阿南の揺るぎない自信は、いったいどこから来ていたのか。はたして、第一次長沙作戦で中国軍に恥をかかされただけで、ここまで頑《かたく》なになるのか。ここで、阿南のこれまでの経歴をたどり、その人間性に迫りたい。

阿南は、一八八七年東京生まれ（本籍は大分県）。陸軍士官学校（第一八期）をへて陸軍大学校を卒業後、参謀本部部員、陸大教官、侍従武官、陸軍幼年学校長、陸軍省人事局長などを歴任。日中戦争勃発後の一九三八年一一月には、第一〇九師団長として山西省《さんせい》で中国軍と戦った。その後、陸軍次官をへて、四一年四月、第一一軍司令官に着任した。

以上の経歴で明らかなように、阿南は軍人人生のほとんどを陸軍中央、またはその関連組織で過ごし、日中戦争前まで前線で戦った経験はない。阿南が第一〇九師団長に就いたのも、前師団長の山岡重厚《やまおかしげあつ》中将が胃腸を害して辞職を申し出たが、後任が見つからず、人事局長の彼がやむを得ず代わりを務めたためであった（『陸軍省人事局長の回想』）。

しかし、阿南は戦場で戦うことに関心がなかったわけではない。一九二七年、ヨーロッパに出張した際、第一次世界大戦勃発後まもなくの一四年八月、ドイツ領東プロイセンで起きたタンネンベルク（現ポーランド領）の戦いの跡地を視察していた（「阿南将軍の思ひ出」）。この戦いでは、同地に大軍で攻め込んできたロシア軍に対し、応戦するドイツ軍がタンネンベルク付近で、ロシア軍を囲んで攻撃し勝利を収めている。

敵を包囲して倒す包囲殲滅戦は、プロイセンの将軍クラウゼヴィッツが近代戦の理論についてまとめた名著『戦争論』にも記されており、日本陸軍もこの戦法を採用した。戦場での戦闘方法について定めた一九二九年制定の『戦闘綱要』（一九二六年に草案配布）には、包囲殲滅戦の思想が盛り込まれ、終戦まで陸軍の主要な戦法のひとつとされた（『《詳解》日本陸軍作戦要務令』)。阿南は、この戦法を第一〇九師団長になってようやく実践したのだ。
阿南のもとで高級副官を務めた中村龍一は、阿南が指揮した一九三九年六月の山西軍殲滅戦について、次のように述べている(「師団長時代の阿南惟幾将軍を追懐して」)。

此作戦は巧妙を極めたもので、先づ一部隊を正面より進めて敵を拘束し、其間敵の両側背に二重三重に縦隊を進め完全包囲を企てたもので、見事に之が成功し、敗走せんとした敵も二重三重の包囲に終《つい》に之を断念し、師団長以下千数百名投降し、総て之を俘虜《ふりょ》として完全なる殲滅戦を遂行したのである。

そして、阿南の「この作戦は模範的なもので之を賞せられ、師団に感状を授与されるに致ったのである」と評価されたのだ。
阿南は、ほぼ初陣ともいえるこの戦いで大勝利を収め、自信を持って第一一軍司令官に着任した。その自信の表れは、軍司令官着任後の阿南の訓示からかいまみえる。一九四一年七月一〇日から三日間にわたって開かれた演習の最後で、阿南は軍参謀らを前に次のように訓示した。

敵を小敵なりと軽侮し、鎧袖一触《がいしゅういっしょく》なりと陶酔せざるを要す。突破進撃に於ては、常に側背若くは背後に危険を伴ふことを覚悟せざるべからず。又常勝に馴《な》れ、警戒心を欠く時は、思はざる不覚をとることなしとせず戒むるの要あり。然《しか》れ共素《もと》より放胆果敢なる作戦指導は、我が得意とする所にして大敵たりとて恐るるものにあらず。孫子《そんし》の自己の弱点を敵に察知せられありと思惟《しゆい》する者は、怯将《きょうしょう》なりとの言味ふべく、我苦境に在る時は、敵亦《また》同様の境地に在るを知らざるべからず。（『香港・長沙作戦』）

阿南は敵を侮るなと警告する一方で、自分は作戦指導が得意で、敵は恐れるに足らない、敵に弱点を察知されたと考える者は怯《おび》えた将であると、自信をみなぎらせたのである。

その阿南にとって、日本軍の方針とはいえ、第一次長沙作戦で長沙を占領せずに退いた結果、中国側の逆宣伝に利用されたことは、彼がもっとも嫌う敵に弱みを見せたことと同じであった。

阿南は陸軍幼年学校在学中から、日露戦争で活躍した乃木希典《のぎまれすけ》大将に心酔し、乃木の影響で武道の鍛錬や精神修養を欠かさなかった。

第四〇師団歩兵第二三六聯隊に所属して第二次長沙作戦を戦った佐々木春隆《ささきはるたか》は、阿南の性格について、「それは積極果敢を信条とする精神至上主義家に尽きよう。（引用者略）つまり果断断行、万事積極を旨とする古武士的風格と統率力とを具備した勇将であったことは疑いない。最後の陸軍大臣を勤《ママ》められた偉材であるから、衆望を担った方であることは事実である。しかし凡夫には精神家過ぎて、ついていけない面もあったろう」（『長沙作戦』）と評した。

精神至上主義で積極果敢なうえ、敵に弱みを見せないために強気で押し通す。このような性格を持った阿南が、ひとたび長沙進攻を決断したら、誰も止めることができなかったのではないか。

二七日、第一一軍司令部は、支那派遣軍司令部に長沙進攻の許可を求めた。しかし、支那派遣軍司令部は、あらためて指示すると返して、作戦変更をすぐには認めなかった。阿南は指示を待つ。

しかし、二九日午後、阿南は中国軍が長沙へ退却しているとの情報を得た。ついに阿南は、「総軍の指示を待つの遑《いとま》なく、独断第三師団を長沙方面に追撃すべく決心下命す。総司令官宛独断の罪を謝し後宮《うしろく》（後宮淳《じゅん》　支那派遣軍総参謀長——引用者注）、田辺《たなべ》（田辺盛武参謀次長兼兵站《へいたん》総監——引用者注）に書面を認む」と、長沙進攻を決意する（『香港・長沙作戦』）。そして、第三師団と第六師団に長沙の敵を撃破するよう命令を発したのだ。

なお、日中戦争では、司令部や上官の命令を無視し、前線の部隊長が勝手な判断をする、いわゆる独断（独断専行）がしばしばみられた。例えば、日中戦争勃発のきっかけとなった盧溝橋《ろこうきょう》事件は、もともと盧溝橋付近で起きた日中両軍の偶発的な紛争であった。しかし、現場に急行した支那駐屯歩兵第一聯隊長の牟田口廉也《むたぐちれんや》大佐が支那駐屯軍司令部に判断を問うことなく、自分の判断で中国側に紛争の責任があるとみなし、攻撃を始めたのだ（『牟田口廉也』）。

独断に関しては、今日、日本の戦争責任を問うとき、その理由のひとつに挙げられることがある。しかし、独断自体は陸軍が認めていた行為であったのだ。

『戦闘綱要』などをもとに、戦場での作戦行動や戦術について規定した『作戦要務令　軍令陸第十九号』の「綱領」には、独断について、次のように記している。

凡《およ》そ兵戦の事たる独断を要するもの頗《すこぶ》る多し。而《しこう》して、独断は其《そ》の精神に於《おい》ては決して服従と相反するものにあらず。常に上官の意図を明察し、大局を判断して、状況の変化に応じ、自ら其の目的を達し得べき最良の方法を選び、以て機宜を制せざるべからず。

すなわち、独断とは、あらかじめ上官の作戦の考えを推察し、戦局の変化に応じて自らの判断で最善の作戦を実施し、勝利に繋がるチャンスを得るということなのだ。よって、阿南が香港作戦後の戦況を判断して独断で長沙進攻を決めたことは、陸軍の規定に違反しない。

問題は、阿南の上官である畑が長沙まで進攻しようと考えていたのか、という点である。「総司令官宛独断の罪を謝し」ということばには、常に精神修養を重ね、古武士然と自らを律していた阿南が、仕えるべき上官の畑の指示を待つことなく、長沙占領という自分の野望を押し切ってしまったことへの忸怩《じくじ》たる思いが表れていたのだ。

## 長沙に迫る（二九日〜三一日）

二八日、汨水を渡り終えた第三師団は、中国軍と交戦をしつつ、徐々に長沙へ近づく。日没後の午後六時四〇分、一路東に進路を変え、麻峯嘴《まほうし》に進んでいた的野部隊のもとに、上空の日本軍飛行機から通信筒が投下される。その中には、中国軍が長沙に向かって退却しているとの知らせと、長沙進撃の軍命令が入っていた。的野部隊は、「一同腕を撫《ぶ》して欣喜《きんき》」（『歩兵第六十八聯隊第一大隊戦史』）し、戦意をさらに昂揚《こうよう》させた。

的野部隊の主力は再び南に進路を取る。三〇日に撈刀河右岸の楓林港《ふうりんこう》まで進み、さらに三一日には、長沙の東を流れる瀏陽河の手前にある榔梨市《ろうりし》に到達する。

的野部隊は、第二次長沙作戦開始以降、特に中国軍から激しい抵抗を受けることなくきた。長沙まで目前に迫り、彼らも一瞬緊張が緩んだ。この日、瀏陽河の渡河を準備した歩兵第六八聯隊第一大隊の将兵らは、「『元旦《がんたん》は長沙で……』」を合言葉に、長沙へさえ入城したら餅《もち》も、菓子も、服も、鶏もと、単純な兵隊の気分は弾ずんで、乾き切らぬ軍衣に心地悪い寒さを覚えつつも、何時しか汨水渡河の苦しさも忘れ、顔は元気に輝やいていた」（同右）のであった。

石川部隊は、的野部隊よりもさらに早く、すでに二九日に楓林港に到達した。そして三一日、歩兵第一八聯隊を先頭に、敵の妨害を受けることなく、撈刀河と瀏陽河を渡りきり、長沙の東北方約六キロの地点まで進んだ。長沙は、もう目と鼻の先である。

宇島部隊はどうか。二八日、同隊は葛家坪での戦闘を終え、態勢を立て直すと、二九日朝、粤漢線東側の磨石山付近に到達した。まもなく、師団命令に従い、達磨山《だるまさん》南側に進路をとった。午後三時、達磨山南麓の呉家大屋《ごかだいや》に到着し、宿営の準備に入る。

午後四時、宇島部隊は呉家大屋近くの高地、王思山《おうしざん》から突然銃撃を受けた。山頂付近に第九九軍所属の第九二師が潜んでいたのである。宇島部隊はすべての火器を使って応戦したが、弾薬が底をついた。その間に第九二師に包囲されてしまう（『歩兵第三十四聯隊史』）。

騎兵第三聯隊通信班の内田正義は、このときの戦闘の凄《すさ》まじさを次のように語る。

間もなく左右の山から敵の急襲を受ける。田の中の一本道だけに苦戦に陥り、必死の攻防戦となり夜に入る。（中略）「……負傷者と軍馬は最後の処置を執る。内田分隊長は最後まで暗号書を護《まも》ってくれ」と。そして中隊長は白十字、指揮者は一方襷《たすき》、兵は白鉢

巻をして全員配備につく。（「第二次長沙作戦における小型無線班」、『騎兵第三聯隊史』所収）

幸い、内田は救援にかけつけた部隊に助け出され、一命を取りとめる。このように、宇島部隊は呉家大屋の戦いによって、長沙進攻がほかの作戦部隊よりも遅くなってしまった。

ところで、第二次長沙作戦は、もともと長期戦を想定していない陽動作戦であり、将兵が携行していた食料もわずか二日分だけであった。この時点で、作戦開始からすでに二日以上たっていた。第一一軍は、後方から軍需品を補給しようとする。しかし、前線まで続く補給線が戦闘と河川の増水によって寸断されていたのだ。そのため、前線の将兵らは、戦いが続く以上、食料を得るには戦場で手に入れるしかなかったのである。

実は、現地調達は、次のような事情で彼らの一種の「楽しみ」となっていた。第三師団衛生隊車輛《しゃりょう》中隊の中村義雄の回想にはこうある。なお、同隊は、第二次長沙作戦が始まる前、湖北省応山《おうざん》（現広水《こうすい》市）に駐屯していた。

駐屯間の給与はお世辞にも良いとはいえなかった。主食の南京米は仕方がないとしても、おかずはいつも漬物であった。煮つけ物にするだけの材料の割当がないのである。

しかたなしに野菜を細かく切って肉を少しだしに入れ、水で量を増して三度三度食事をするのが通例であった。兵隊達はこれを応山の小便汁と呼んでいた。応山にいれば休養ができるが栄養の点では、どうも不足勝であった。これに比べ戦斗間は現地調達が常であった。これを蔣介石給与と呼んで、この面だけでは喜んでいる兵隊もあった。（「第二次長沙作戦行軍記」、『第三師団衛生隊回顧録』所収）

野砲第三聯隊観測班の鈴木勤は、「明日はいよいよ長砂《ママ》入城、蔣介石給与で新年を祝うと、連日の追撃の苦労も忘れはしゃいでいた」（「第二次長砂《ママ》作戦正月四日間の死闘」）という。腹を空《す》かせた前線の兵たちにとって、長沙進攻は、「蔣介石給与」にありつく絶好のチャンスでもあったのだ。

## 第五節　長沙突入と敗走

### 歩兵第一八聯隊の突撃と第一〇軍の抵抗

長沙の市街地を囲むレンガ造りの城壁は高さがおよそ一〇メートルあり、そのあちらこちらに敵を狙《そ》撃《げき》するための銃眼や銃座が設けられていた。また、城外には数多くのトーチカがあり、それらが三層の陣地線を成している。さらに、その陣地線の間には、長沙を守備する第一〇軍の一九〇師、第三師、予備一〇師が配備されていた。第三師団は、この長沙城外の鉄壁の守りを突破しなければ、念願の長沙入城は夢に終わる。

石川部隊所属の歩兵第一八聯隊第八中隊は、一二月三一日夜から、夜陰に紛れて行軍を開始。一九四二年一月一日、長沙城東南約二キロの地点まで迫る。そして、中隊が帯同した山砲や機関銃の援護を受け、一二時より長沙城への攻撃を開始した。

第八中隊が動き始めると、すぐに長沙城西方の岳麓山からカノン砲の大きな砲弾が轟音《ごうおん》とともに次々と飛来、彼らの前に落下して破裂した。また、前方からは迫撃砲弾と機関銃の弾が雨のように襲い掛かる。そのなかを、中隊将兵は匍匐《ほふく》前進で進んだ（『歩兵第一八聯隊第八中隊史』）。

第八中隊と行動をともにしていた前述の鈴木勤が、このときの第一〇軍の抵抗の激しさについて証言を残している。

> 日の出と共に銃弾は益々激しく加えて迫撃砲、速射砲と想われる砲弾を交え正に砲煙弾雨の形容詞其の侭《まま》のりさ《ママ》まで、地に伏せた儘身動きもできない。眼前三〇メートルには瞬時に倒された尖兵《せんぺい》の遺体が収容も出来ず放置去《ママ》れた儘。即死せずまだ生きている兵

もいるが銃弾が激しく収容することも出来ない。九時頃であろうか我が山砲二門が人力で陣地侵入したが、雨霰の様に飛来する至近距離よりくる銃弾は防盾を貫通し、操作する照準兵を倒し、他の砲手の操作が出来ない状態、已《や》む無く砲口照準に切り替えてトウチカの銃眼射撃をした。（「第二次長砂《ママ》作戦正月四日間の死闘」）

この第一〇軍の猛攻を前に、最前線の第八中隊は次々と負傷者を出す。そのなかには、左大腿《だいたい》部を銃弾で撃ち抜かれた中隊長の大場栄《おおばさかえ》中尉の姿もあった。大場は愛知県宝飯《ほい》郡蒲郡《がまごおり》町（現蒲郡市）生まれ。後に彼はサイパン島に移り、同島最高峰のタッポーチョ山に部下を引き連れて立てこもって、ゲリラ戦を挑んだことで知られる。

大場に代わって中隊長となった水嶋保夫《みずしまやすお》少尉は、午後六時半、薄暮を狙って中隊に敵陣地への突撃命令を発した。一時間におよぶ白兵戦の末、同隊は、最前線の敵第一線陣地を占領。なおも第一〇軍は城壁の上から銃撃をしたり、手榴弾を投下したりして抵抗を続けた。この日で、第八中隊は所持していた弾薬をほぼ使い尽くしてしまった。

三日、長沙城壁際での第一〇軍の猛射は収まるところを知らず、第八中隊は行き場を失う。その対峙《たいじ》している隙を狙って、中隊の後ろにいた工兵隊が決死の覚悟で城壁にたどり着き、素早く爆薬を仕掛けて、人間が二人通れるほどの穴を開けることに成功した。これを見た第八中隊は、すぐさま穴をめがけて突撃を敢行し、長沙城内に進入したのである（『日中事変及び太平洋戦争における　歩兵第十八連隊第八中隊史』）。

的野部隊も長沙の南側に回り、城内への進入を試みる。しかし、強固な陣地線と湘江を越えて西の岳麓山から飛来する砲弾に行く手を阻まれてしまう（『歩兵第六十八聯隊第一大隊戦史』）。

第三師団とともに長沙進攻を命じられた第六師団は、一月三日、長沙城北東側から攻撃を開始する。しかし、彼らも的野部隊と同様、第一〇軍の鉄壁の守りの前に長沙入城を断念した。

前述のとおり、日中戦争で日本軍と中国軍の兵力差は、圧倒的に中国側に分があったが、火器の優勢により、日本軍が総合的な戦力で勝っていた。しかし、この長沙城外での戦いでは、その常識がまったく通用しなかったのである。なぜ、第一〇軍はここまで頑強に抵抗できたのだろうか。

それは、これもすでに述べたとおり、薛岳や第一〇軍が、長沙を防衛するための徹底的な準備を施したことが最大の理由だ。さらにもうひとつ加えるなら、第一〇軍長の李玉堂が、軍の戦闘指揮所のあった長沙城内の湖南電灯公司で、戦いに向かう将兵らを鼓舞したことも影響していたと考えられる。李は、彼らを前に「ここは長沙市の『四行倉庫』であり、第一

○軍の『四行倉庫』でもある」（「第三次長沙会戦二三事」、『長沙会戦　上』所収）と訓示したのだ。

四行倉庫とは、上海市内を流れる蘇州河《そしゅうが》の河岸にあった倉庫で、四行とは上海の金城《きんじょう》、大陸《たいりく》、塩業《えんぎょう》、中南《ちゅうなん》という四つの銀行をいう。蘇州河は、第三師団も参戦した日中戦争緒戦の第二次上海事変で激戦地となった場所のひとつである。そのとき、四行倉庫に立てこもった第七九軍の謝晋元《しゃしんげん》率いる一個団（団は聯隊に相当）八〇〇人は「八百壮士」といわれ、日本軍の猛攻に命をかけて抵抗した。この活躍で、彼らは中国で抗日の英雄として長く讃《たた》えられる。

李は、第二次長沙作戦を第二次上海事変と重ね合わせ、将兵らに命を賭《と》して日本軍と戦い、抗日の英雄となるよう命じたのであった。

当初の作戦命令が阿南軍司令官の野心で突如変更され、それに戸惑いながら「蔣介石給与」を楽しみに戦った側と、敵の侵略に命がけで戦った側とでは、その勝敗結果は自《おの》ずとはっきりするだろう。

## 長沙からの「反転」を決断

前線が長沙城攻略に苦戦している状況は、岳州にあった第一一軍の戦闘指揮所に逐一報告された。一月一日、阿南は「3Dは力攻努めあるも、未だ長沙は攻略と言ふを得ず。参謀長視察の結果のみを大本営及総軍に打電して、元旦の戦勝を祝す」（以下、本節は「秘　従軍日誌　日支事変（大東亜戦争）三」）として、前線が苦戦に見舞われているにも拘らず、大本営と支那派遣軍総司令部には、戦勝と報告させたのだ。

その結果、二日、支那派遣軍報道部長の岩崎春茂《いわさきはるしげ》大佐は談話を発表し、「昭和十七年戦捷《せんしょう》の新春敵第九戦区の牙城《がじょう》長沙は再び日章旗の翻るところとなった」と、公式に勝利を宣言したのである（「長沙作戦終了　支那派遣軍報道部長談話発表」、『朝日新聞』、一九四二年一月四日）。

しかし、実際の戦況は談話の内容と異なっていた。三日昼前、阿南は「戦闘司令所に到る。長沙占領、完《まっとう》からず、一同憂色あり。慰めて歌ふ。今更に驚くこともなかりけり勝つも勝たぬも武夫の常、と」不安の色を隠せない参謀らを前に強がった。

その阿南の態度を見るに見かねた木下参謀長らは、午後五時、ついに次の行動に出る。

阿南はそれを日記にこう綴《つづ》った。

　参謀長、副長、作戦主任来舎。戦闘を中支《ママ》（止の誤り――引用者注）、四日夜、反転せんと。一同焦燥の情を見る。予は、６Ｄの戦闘加入は今三日朝来の事なり、未だ揚らざるは当然なり、然るに過早に攻撃中止は承認し得ず、暫く状況を見ん、とて一同を帰還せしむ。

阿南に追い出された木下らは、午後七時四〇分、再び阿南のもとを訪れた。そして、「五日朝迄に汨水北岸に進出、反転を開始せんと」と述べて、阿南に再考を促したのである。木下らに迫られた阿南は、ついに「已むなく之れを承認す。苦心の日なりき」と、長沙からの「反転」、つまり事実上の撤退を決めたのであった。

しかし、阿南はただ長沙から部隊を引き揚げようとしたのではなかった。「敵79A（Aは軍のこと——引用者注）も株州に到着しあり。北方は58A、37A、78A、汨水の線に迫らんとす。面白し、好餌《こうじ》、思ひ存分に喰《く》ひ尽くさんのみ。40Dの敏速なる処置を希望す」。すなわち、この決断は、長沙からの撤退ではなく、周囲から迫ってくる敵に対抗するための措置であると理由づけたのだ。阿南が精神至上主義で積極果敢を信条としていることは、すでに述べた。彼にとって作戦が失敗して撤退することは、当然認められないことであり、迫る敵に反撃するために部隊を「反転」させることで、自らの決断を「正当化」したのである。

阿南が長沙から部隊を「反転」することに、ひとり異を唱えたのが豊島であった。最前線の第一八聯隊は城壁の穴から長沙に突入し、長沙占領まであと一歩のところまできていたのである。阿南がひとり長沙進攻を決めたときも、周囲の参謀らが消極的な態度をとるなか、ひとり豊島だけは、強く阿南を支持した。第一次長沙作戦で長沙に進攻できなかった悔しい思いを、彼はまた繰り返したくない。

四日、豊島は前線から阿南に向けて「3D長より長沙反転を一日延期され度旨」を伝えた。あと一日あれば、長沙は攻略できるかもしれない。しかし、阿南の返答は「東北方の敵の包囲圏、漸《ようやく》圧縮せられ、株州方面亦北進の恐なきにあらず。而かも軍の作戦目的は概ね達成せしを以て、依前昨夜命令の如く反転すべく命じ、航空隊の爆撃を熾烈《しれつ》ならしむ」と、冷たいものであった。

そして、豊島はすぐさま三師団長の任を正式に解かれ、六日、新師団長に高橋多賀二《たかはしたかじ》中将が就いた（親補［天皇から官職を親任されること］は一二月二四日）。阿南はトカゲのしっぽを切るように豊島を追いやることで、彼に長沙進攻の責任を負わせたのである。

長沙からの「反転」命令は、三日夜から四日にかけて、前線の各部隊に伝えられた。戦闘中の彼らは、これにどう反応し、「反転」したのか。

## 決死の「反転」

長沙突入後、城内のトーチカを占領し、敵の猛射に耐えていた歩兵第一八聯隊第八中隊は、一月四日、石川部隊本部から翌日零時を期して長沙から「反転」する命令を受けた。作戦の最前線で戦っていた彼らは、一気に殿《しんがり》として、敵の追撃を抑える立場になったのである。

ひとまず、中隊は戦傷者を収容し、重火器と車輌部隊とともに彼らを後退させる。そして、前線部隊はすべて「反転」予定時刻に長沙城から離れ、一気に瀏陽河河畔の杜家湾まで引き揚げた。この川には、工兵隊が長沙進攻後に架けた橋があり、中隊はそこを通過するつもりであった。しかし、その橋は、中隊がたどり着く直前の三日夕方に中国軍の砲撃によって破壊されていたのだ。

第八中隊は五日、瀏陽河対岸の中国軍との正面衝突を避けるため、下流に迂回《うかい》して渡河する。そして、側面から敵部隊を攻撃して退かせると、第三師団司令部をはじめ、前線から引き揚げてきた部隊の進路を確保した。

長沙南門付近で戦っていた的野部隊も四日夕方、「反転」命令を受ける。連日の激戦で、部隊からは多くの死傷者が出ていた。次に記すのは、彼らが戦場から引き揚げるときの様子である。

傷付いた兵を収容する衛生隊の担架の列が延々と続き、両側の近距離よりの誰何《すいか》、或はチェッコ（国民革命軍主力火器のZB26軽機関銃のこと。通称チェッコ銃――引用者注）、小銃、手榴弾の射撃を受け乍《なが》らただ粛々と反転を急いだ。

僅《わず》か七、八粁《キロ》の短かい距離が、三十粁にも四十粁にも感じられた長い長い苦悩の一夜で、精も魂も尽き果てていた。

戦死の兵は手を斬って遺骨とし、傷付いた馬は残してくるより仕方がなかった。（『歩兵第六十八聯隊第一大隊戦史』）

前線から退いた第三師団の部隊は、五日、瀏陽河右岸の榔梨市に集結する。このとき、長沙方面に向かって、西側の第六戦区から第二六軍と第七八軍、広東方面から中国共産党の新編第四軍（新四軍《しんしぐん》）、第七軍、第七九軍が迫り、撈刀河付近からは第九戦区の第二〇軍、第五八軍、第七八軍、第九九軍が後退する第一一軍部隊を追撃するために迫ってきた（『野砲兵第三聯史』）。いまだ、長沙からそれほど遠くない位置にいる第三師団は、できるだけ早く軍戦闘指揮所のある岳州までたどり着かなければ、最悪の場合、彼らに取り囲まれて全滅する可能性があった。薛岳の天炉戦法は、まだまだ続いていたのである。

第三師団は、中国軍の追撃をかわしながら、数日前には難なく越えていった撈刀河と汨水を必死に渡った。その途上、第三七軍と第五八軍が撈刀河と汨水の約五〇キロメートルの間に設けた陣地は、すでに弾薬を失い、食料にも事欠く第三師団将兵には、越えることの難しい障壁となっていた。

このときの彼らの混乱ぶりを、第九戦区の捕虜となった日本兵が証言する。

日本軍は、撈刀河と汨水の間は非常に苦しんだ。前に狙撃兵、後ろに追撃兵、ところどころに伏兵がいて、戦闘が続き、休む時間がなかった。行軍鍋は打ち捨てられ、米も無く、どこを探しても米にありつけなかった。あるとき、米を少しだけ見つけ、飯盒《はんごう》で炊爨《すいさん》しようとしたが、その飯盒すらもなくなってしまい、鉄帽を炊具にせざるを得なかった。

その後、夜行軍となったが、道案内をしてくれる住民が見つからず、ひとり見つけたものの、知らないふりをして道案内をしようとしなかったので、我々は怒って彼を殺した。やむを得ず、我々は地図と方位磁針が北を指す方向を頼りに手探りで進んだ。（「第三次長沙会戦兵力部署及戦闘経過」、『長沙会戦　上』所収）

中国軍に追い込まれているのは第三師団だけではなかった。第三師団とともに「反転」命令を受けた第六師団は、長沙城外から北に向かって退いた。しかし、撈刀河を越えた後、達磨山付近で第七二軍と第九九軍と遭遇し、進路を阻まれる。

さらに、第二次長沙作戦を前に、第一一軍所属となって急遽《きゅうきょ》華北から長沙の戦場に向かった独混第九旅団は一月九日、達磨山の向かいにある影珠山《えいしゅざん》で中国軍に包囲され、ほぼ潰滅《かいめつ》してしまったのである。

第三師団は七日、第四〇師団の援護を受けて撈刀河を渡り、一五日、ようやく新墻河の線までたどりついた。

## 「負け戦」の責任は誰にあるのか

第一一軍参謀部がまとめた集計によると、およそ三週間続いた第二次長沙作戦で、日本側が確認した中国軍将兵の遺棄死体は二万八六一二体、捕虜は一〇六五人を数えた。これに対し、第一一軍が出した損害のうち、戦死者は一五九一人、戦傷者が四四一二人で、特に、作戦部隊のなかで第三師団の損害がもっとも大きく、戦死者は五二三人、戦傷者は一四一九人に上った(「第二次長沙作戦綜合戦果一覧表」、『香港・長沙作戦』所収)。

同作戦での日本軍将兵の死傷者は、単純計算で一日平均約四三〇人に及ぶことになる。第一一軍の集計には、一日ごとの死傷者の総数は明記されていないが、前述の戦闘の経過から、おそらく阿南が長沙進攻を命じた一二月二九日以降、その数は急増したものと思われる。

戦争を経験していない戦後生まれの私たちの多くは、この一日平均死傷者数が多いのか、大した数でないのかが判断できない。念のため、比較対象として、日中戦争緒戦の激戦で第三師団も大きな損害を負った、第二次上海事変の日本軍の死傷者を見てみよう。これは、約九〇日間で四万人、一日平均四四四人であった。
第二次長沙作戦は、第二次上海事変に比べ期間はわずか四分の一ながら、死傷者の割合は、ほぼ同じだったのだ。第二次長沙作戦がいかに激しい戦いだったかということが数字の上からも見て取れよう。
長沙の前線で戦った鈴木勤は、作戦をこう振り返る。

此の作戦は全作戦期間を通じ生涯忘れることの出来ない戦いであった。極寒の湖南平野に繰り広げられた戦いは、人間の極限を遥かに越えた死闘であった。彼我兵力の差は、我一に対し中国十とか、特に弾薬の不足は致命的で食料品と医薬品の不足は多くの尊い命を奪った。（「激動の青春」）

第四〇師団の佐々木春隆も次のように述べている。

思えば第二次長沙作戦は稀《まれ》に見る負け戦さであって、先輩、同僚将兵の多くを瞬く間に失った。思えば大陸転戦五年有余の間に体験した最も悲惨で、痛恨限りない作戦であった。（「まえがき」、『長沙作戦』所収）

彼らに忘れることのできない記憶を残した「負け戦」の第二次長沙作戦は、いったい誰に責任があったのか。

神田《かんだ》正種《まさたね》第六師団長は言う。

本作戦は阿南将軍の統帥としては、一寸拙《ちょっとまず》かった。第一に、広東に策応するために小規模のピストン作戦を企画して、果して効果が得られるかどうか大疑問であった。而して、実施の結果、敵は我が裏をかいて退避作戦に出た。ここで退いては何のための牽制作戦かサッパリ分らぬ結果になるから、急に長沙急襲を思い立ったと予想されるが、これがいかぬ。苟《いやし》くも軍が作戦をするのに、途中から斯《かく》の如き大変化の出来るものではない。糧食のない現地調弁、即《すなわ》ち掠奪《りゃくだつ》命令である。

特に、長沙の堅陣に、無腰でぶっつけたのは何としても悪い。無茶だ。この作戦の結果、第一次作戦で敵に与えた恐怖が逆に、軽侮となって帰って来た。(『香港・長沙作戦』)

神田は、阿南が長沙進攻を功を焦って急に思いついたと推察しているが、すでに第一次長沙作戦後から念頭にあったことは、前に述べたとおりだ。

第二次長沙作戦の責任者で、あれほど長沙進攻に強気だった阿南も、作戦終了後の一月一八日、日記に無念の思いを吐露している。

三・三〇より会議室に壇を設け、第二次長沙作戦陣没勇士の英霊、森川《もりかわ》中佐以下千余名を祀《まつ》る。護国の任に殉ぜりと雖《いえど》も軍司令官として断腸の思あり。南方岳南の地、真に恨長きを覚ゆ。（「秘　従軍日誌　日支事変（大東亜戦争）三」）

一九日、阿南は漢口の軍司令部を訪れた畑総司令官と会い、「状況報告、独断長沙への進攻を御詫《わ》びす」（同右）と、作戦での行き過ぎた判断について謝罪した。

本来であれば、上官の畑が阿南の責任を問い、何らかの処罰を与えなければならなかったのかもしれない。しかし、阿南はすでに陸軍次官まで務めた陸軍中央のトップクラスの軍人であり、陸相経験者の畑でさえも容易には罰せられなかった。さらに、その畑も、事後ながら阿南の長沙進攻の願いを認めてしまっていた（『陸軍　畑俊六日誌』）。阿南の責任を問うことは、畑自身の責任ともなり、果ては大本営にもその累が及ぶことになりかねない。誰も責任を負わない、誰も責任を問わないという、今日の日本でもしばしば見られる現象が、ここでも起こったのである。

結局、阿南は、その後も第二次長沙作戦の責任を追及されることなく、陸軍で順調に出世の階段を登っていき、一九四三年五月に陸軍大将へ進級。戦争末期の四五年四月、陸軍大臣となる。そして、日本政府が連合国からのポツダム宣言を受諾した八月一五日、「一死以て大罪を謝し奉る」と書き残して自決した。この「大罪」のなかには、きっと第二次長沙作戦での自分自身の責任も含まれていたであろう。

一方、天炉戦法が大成功し、長沙を死守した薛岳は、戦いに勝利した理由を以下六つにまとめている。


この偉大な成果を獲得できたのは、第一に、綿密な計画と準備の周到。第二に一二月下旬、敵が湖南省北部に結集したとき、必ず三度目（中国では一九三九年九月の贛湘《かんしょう》作戦を第一次長沙作戦としているため、長沙作戦は三回あったと数える——引用者注）の長沙進攻を冒すであろうと判断し、江西省北部と湖北省南部、および後方から兵力を戦場に集めたことで、敵のチャンスを奪い、主導権を得たこと。第三に、平江と瀏陽河のおよそ百キロメートルの間での側面攻撃の態勢は、終始敵に察知されず、しかも瀏陽河北岸の要所は、終始我々が掌握したこと。第四に、各軍長と師長が全員死を覚悟で臨み、必ず勝利するとの信念を持っていたこと。第一〇軍は、戦闘を始めるとき、遺書を携帯していた。第五に、戦闘中の規律が整っていたこと。第六に、歩兵と砲兵の連携がよくできていたことである。(「長沙三次大会戦」、『長沙会戦　上』所収)

アジア太平洋戦争開戦後初の日中両軍の戦いは、日本軍の大敗から幕を開けたのであった。

# 第二章　細菌戦の戦場——浙贛作戦

浙贛作戦(1942.5−8)

河北省
太原
石門
延安
山西省
済南
山東省
青島
新郷
陝西省
洛陽
開封
西安
河南省
江蘇省
無錫
蘇州
安徽省
南京
上海
湖北省
安慶
杭州
漢口
宜昌
武昌
寧波
浙江省
南昌
岳州
衢州
常徳
長沙
江西省
湖南省
福州
福建省
基隆
厦門
(アモイ)
台北
桂林
潮州
柳州
広東省
汕頭
(スワトウ)
台南
広西省
広州
南寧
高雄
香港
澳門
(マカオ)
海南省

# 第一節　大本営のプライドをかけた戦い

## 七三一部隊による細菌戦と第三師団

二〇二〇年二月七日、関東軍防疫《ぼうえき》給水部（設立時は防疫部）、通称七三一部隊（満洲第七三一部隊）に関する新資料が発見されたというニュースが報じられた（「細菌戦「731部隊」の新資料発見「ないはず」の戦後公文書　細菌生産を明記」、『京都新聞』、二〇二〇年二月七日）。資料を発見した滋賀医科大学名誉教授の西山勝夫《にしやまかつお》によると、終戦から五年後の一九五〇年九月、厚生省（現厚生労働省）復員局留守業務第三課が作成した「資料通報（B）第五〇号関東軍防疫給水部」に、戦後捕えられ、中国やソ連に留まった七三一部隊関係者の状況が綴《つづ》られているという。

七三一部隊が所有していた研究データや資料は、ほとんどが終戦直前に焼却処分され、残りも戦後に米軍が接収した。よって、戦後七五年をへて、このような資料が発見されたのは、きわめて稀《まれ》なことだ。

七三一部隊（『日中戦争全史』）は、一九三六年八月、陸軍将兵の感染症予防、ならびに生物兵器の開発を目的に、満洲国黒龍江《こくりゅうこう》省哈爾濱《ハルピン》郊外に設立された。初代部隊長は、京都帝国大学医学部卒業後、陸軍軍医学校教官などを務めた陸軍二等軍医正（中佐相当）の石井四郎《いしいしろう》である（『日中戦争全史』）。

石井は、一九三二年四月、東京の陸軍軍医学校内に防疫研究室を開設し、生物兵器の研究に着手。翌年には哈爾濱郊外に七三一部隊の前身である「東郷部隊《とうごうぶたい》」（東郷は石井の変名）を設置して、人体実験を開始する。石井のもとには、彼の後輩にあたる京都帝大医学部出身者をはじめ、東京帝大、九州帝大、慶應義塾大の各名門大学医学部を卒業した若手、中堅医師が集結していた。

彼らの活躍が陸軍中央に認められると、組織は徐々に拡充され、設立から四年後の一九四〇年には将校二六四人、軍属二〇〇五人を含む総勢三二四〇人に膨れ上がる。そして、同年夏、防疫給水部に改組されると、研究で開発した生物兵器を中国戦線に投入した。

太平洋戦争開戦後の中国戦線でも、七三一部隊による、いわゆる細菌戦や毒ガス戦が実施される。そのひとつが一九四二年五月の浙贛《せっかん》作戦（「せ」号作戦）、もうひとつが一九四三年一一月の常徳殲滅作戦（詳細は第四章）であった。このどちらの戦いにも第三師団は日本軍主力部隊のひとつとして参戦している。なぜ、これらの戦いで生物兵器が使用されたのか、その結果はどうであったのか。そこで第三師団はいかに戦ったのか。

本章では、細菌戦に着目しながら浙贛作戦をたどる。

## ドーリットル空襲を受ける

浙贛作戦は、浙江省《せっこう》と贛＝江西省に跨《また》がって展開された日本軍の作戦である。まず、作戦が実施されることになったきっかけについて見ていく。

一九四二年四月一八日、太平洋戦争緒戦の勝利に沸く日本の上空に突如米軍B－25爆撃機一六機が飛来し、東京、名古屋、大阪、神戸《こうべ》などを奇襲した。このできごとは爆撃機隊を指揮したジミー・ドーリットル中佐の名前を取って、「ドーリットル空襲」と呼ばれる。米軍による初の日本本土への空襲で、いまだ戦火の痛みを実感できていなかった日本国民に大きな衝撃を与えた。

当時、東京市麻布区市兵衛町（現港区）で暮らしていた作家の永井荷風《ながいかふう》は、幸い空襲に遭遇しなかったが、伝え聞いた話を空襲翌日の日記に次のように綴っている。

> 哺下《ほか》金兵衛（新橋《しんばし》駅裏にあった永井行きつけの小料理屋——引用者注）に至り人の語るところを聞くに大井町《おおいまち》鉄道沿線の工場爆弾にて焼亡、男女職工二、三百人死したる由。浅草今戸《あさくさいまど》辺の人家に高射砲の弾丸の破片落来り怪我せし者あり、小松川《こまつがわ》辺の工場にも敵弾命中して火災にかかりし所ありといふ。（『摘録　断腸亭日乗（下）』）

東京の下町向島《むこうじま》出身で、当時国民学校の生徒であった半藤一利《はんどうかずとし》（後に編集者、作家）は、課外授業で映画館にいるとき、空襲に遭遇した。

わたくしの脳裏に刻まれているのは、頭に鞄《かばん》か何かのせて逃げ帰る途中で、見上げた空に浮かんでいた五つ六つの白い綿アメのような煙の固まりであった。妙な静寂があたりを包んでいる。それが応戦した日本の高射砲の炸裂《さくれつ》の弾痕《だんこん》と知ったのは、「ポカンとしてるな。早く家に帰れ。破片が落ちてくるぞ」と警防団員の大人から怒鳴られてからのことである。（『B面昭和史　1926－1945』）

そして、半藤は、「『わが軍の防禦《ぼうぎょ》は鉄壁であり、本土空襲ということなどあり得ない』と、戦争開始直後から豪語していた軍部そして政府への小さな不信感が芽生えたのは、あるいはこの空襲のあとからではなかったか」（同右）と、ドーリットル空襲をきっかけに、日本国民が日本軍へ疑いの目を向けるようになったと述べている。

一方、大本営も日本国民のそのような感情を感じ取っており、「この日絶好の快晴、午後零時三十分頃、突如帝都は空襲を受けた。勝った勝ったの国民も、はじめて敵機を目の前に見て、戦争を実感したようだった。（引用者略）東部軍司令部午後二時発表は、九機を撃墜——。信を天下に失う」（『大本営機密日誌』）と、ショックを隠せずにいた。

はじめ、日本人の誰もが米軍機はどこに飛び去ってしまったのか、皆目《かいもく》見当もつかずにいた。しかし、空襲同日、浙江省杭州《こうしゅう》付近で警備に当たっていた第一三軍所属の第二二師団が、支那派遣軍総司令部に対し、杭州上空で国籍不明の飛行機二機が夕方頃西に向かって飛び去ったこと、そのなかの一機が夜半頃江西省南昌《なんしょう》西北方に不時着し、搭乗者五人を捕らえたことを報告する。

そして、二〇日、同軍総司令部は五人を南京に送致して尋問し、彼らが密《ひそ》かに日本の東方沖に進んだ米軍航空母艦から発艦し、日本本土空襲後、浙江省の中国軍の飛行場に着陸する予定であったことが判明した。

この情報を受けて、大本営は再び米軍機に日本本土が襲われないよう、急遽《きゅうきょ》、支那派遣軍に浙江省西南部にある複数の飛行場を破壊するよう命じる。当時、支那派遣軍は、南京から南に下った安徽《あんき》省東部の広徳《こうとく》と寧国《ねいこく》を攻略する作戦（「十九号作戦」）の準備を完了していたため、大本営の命令をはじめは断った。しかし、大本営の再度の強い要求に、畑総司令官は渋々同意する。米軍機に日本本土を空襲され、プライドを大きく傷つけられた大本営にとって、この作戦は何が何でも実行しなければならなかったのである。

大本営は、早速「浙江作戦案」を作成し、二四日には参謀本部作戦課作戦班の高山信武《たかやましのぶ》中佐にこれを携行させ、南京の支那派遣軍総司令部に向かわせる。同案（『昭和十七、八年の支那派遣軍』）によると、作戦目的は「主として浙江省方面の敵を撃破して主要なる航空根拠地を覆滅し、該方面を利用する敵のわが本土空襲企図を封殺するにある」。

基幹兵力は、支那派遣軍の第一三軍と第一一軍、および北支那方面軍から転用された一部隊、計歩兵四〇数個大隊。作戦開始は五月中旬を予定。作戦では、軍は速やかに主力部隊を浙江省紹興《しょうこう》—諸曁《しょき》—金華《きんか》、一部部隊を同じく浙江省杭州—富陽《ふよう》—蘭谿《らんけい》方面から敵を撃破して進軍し、金華攻略後、南に転じて玉山《ぎょくざん》と麗水《れいすい》を占領する。さらに、情勢が許せば、占領地域にある飛行場や中国軍関連施設、主要鉄道路線を徹底的に破壊するという方針であった。

高山から作戦案を示された畑は、「今回中央が此《この》作戦に馬力をかけあるは、日頃総長（杉《すぎ》山元《やまはじめ》参謀総長——引用者注）が国土防衛は完全なりと奏上したる手前何とかせねばならぬ処まで追つめられたる結果なりとのことなるが、随分迷惑なる話なり」（『陸軍 畑俊六日誌』）と、ドーリットル空襲を防げなかった大本営側の不手際に批判の矛先を向けていた。

前述したように、大本営の恥を雪《そそ》ぐために行う浙江作戦に、畑は、はじめ難色を示していたのだ。しかし、作戦の実行が決まると、畑ら支那派遣軍総司令部は、大本営の提示した作戦案を再検討し、次のような基本構想を確定した（『昭和十七、八年の支那派遣軍』）。

まず、作戦案では使用兵力は四〇数個大隊であったが、作戦目的を迅速、かつ確実に遂行するため、その二倍の歩兵約八〇個大隊を基幹とする。そして、作戦を速やかに完遂するため、主力の第一三軍を北支那方面軍の増援部隊が到着するのを待たずに、五月一五日より杭州方面から攻撃を開始。敵部隊を撃破しながら、浙江省の敵飛行場を攻撃する。さらに、第一一軍も、五月末より南昌から進撃を始め、第一三軍と策応する。

支那派遣軍が決定した作戦は、大本営の当初の計画より兵力が倍増している。また、浙江省だけでなく江西省までも戦域に含めたことから、名称も浙江作戦から浙贛作戦となった。

支那派遣軍の作戦構想が、なぜこのような大規模なものになったのか。当時、派遣軍作戦課長であった宮野《みやの》正年《まさとし》は、次の理由を挙げている。浙江省杭州から江西省を通って湖南省株州を結ぶ浙贛線を手に入れることが支那派遣軍の希望のひとつにあったこと、第一三軍と第一一軍が、この地域を防衛していた第三戦区を東西から挟撃することを想定していたが、作戦地域の降雨が激しく、大規模な兵力を動員しなければ、作戦目的を充分に達成できない恐れがあったことなどだ（同右）。

さらに、推察すると、第二次長沙作戦で中国軍にまさかの敗北を喫した支那派遣軍にとって、浙贛作戦は乗り気でなかったとしても、決して負けられない一戦となっていたのではないか。この大規模な作戦構想は、その意気込みの表れであったといえよう。

## 日中両軍の作戦方針

浙贛作戦の日中両軍の作戦の概要をまとめよう。まず、日本軍の参加部隊は次のとおりである。

第一三軍（軍司令官澤田茂《さわだしげる》中将）――第一五師団、第二二師団、第三二師団、第七〇師団、第一一六師団、河野《かわの》混成旅団（第三、第三四、第三九、第四〇各師団聯隊による混成）、小薗江《こぞのえ》混成旅団（第二六、第三七両師団聯隊による混成）、原田《はらだ》混成旅団（第一七師団から抽出）、奈良《なら》支隊（第四一師団から抽出）など。

第一一軍（軍司令官阿南惟幾中将。七月初旬に塚田攻《つかだおさむ》中将に交代）――第三師団（長〔以下同〕高橋多賀二中将）、第三四師団、竹原《たけはら》支隊（第六師団基幹）、今井《いまい》支隊（第四〇師団基幹）、平野《ひらの》支隊（第六八師団基幹）。井手《いで》支隊（第六八師団基幹）。

このうち、第三師団は次のような編成であった。

第三師団――歩兵第五旅団（長〔以下同〕塘真策《つつみしんさく》少将。歩兵第六聯隊、歩兵第六八聯隊。以下、塘旅団）、歩兵第二九旅団（岸川健一《きしかわけんいち》少将。歩兵第一八聯隊、歩兵第三四聯隊第一大隊。以下、岸川旅団）、騎兵第三聯隊、野砲兵第三聯隊、工兵第三聯隊、輜重《しちょう》兵第三聯隊、第三師団通信隊。

第一三軍は、杭州付近に配備された各部隊が五月一五日頃から攻撃を開始し、まずは、金華の手前にある義烏《ぎう》の東陽江《とうようこう》河岸まで進む。その後、金華、衢州《くしゅう》方面まで前進し、敵軍との会戦に臨むとともに、五月末までに衢州や麗水付近にある敵飛行場を占領する。

南昌に集結した第一一軍の作戦地域は、南昌の南六〇キロメートルほどの豊城《ほうじょう》、臨川《りんせん》（撫《ぶ》州《しゅう》）、東郷《とうきょう》一帯とし、まず豊城の手前を流れる撫河《ぶが》を渡って敵部隊を攻撃する。その後、撫州と東郷まで進み、可能であれば浙贛線の獲得、ならびに第一三軍と連携し、作戦に呼応する。

一方、日本軍を迎え撃つ中国側の防衛態勢はどうなっていたか。浙江省の防衛にあたっていたのは、顧祝同《こしゅくどう》を司令長官とする第三戦区であった。隷下部隊は次のとおり。

第三戦区（司令長官顧祝同）——第一〇集団軍（第四九軍、第六三師、第七九師）、第二三集団軍（第二一軍、第五〇軍）、第二五集団軍（第二六軍、第七四軍、第八六軍、第八八軍、暫編第九軍）、第三二集団軍（第二五軍、第二八軍）、第一〇〇軍。

また、隣接する第九戦区から、第四軍、第五八軍、第七九軍も友軍として戦線に加わった。中国側の総兵力は全三四個師、約二六万人であった。

国民政府軍事委員会は、ドーリットル空襲後、日本軍が浙江省の航空施設を攻撃してくることを予想し、第三戦区に金華、蘭谿、衢州の各地区の防衛を強化するよう命じる。そして、第三戦区は軍事委員会の指示のもと、五月二二日には、衢州の防衛を中心とした新たな防衛計画を決定した。

計画は次の四つの段階からなる（『中国抗日戦争正面戦場作戦記 下』）。

第一段階――嵊県《じょうけん》、諸曁、新登《しんとう》の第一線と、その背後の胡村《こそん》、安華《あんか》、桐廬《とうろ》、付近にそれぞれ陣地を構築する。第一線の守備部隊は、杭州方面から現れた日本軍に抵抗して、彼らの進攻を遅らせるとともに、戦力を消耗させる。さらに、日本軍の背後に回って、増援部隊が来るのを阻止する。第一段階が実行されている間に、第二段階に進む。

第二段階――金華、蘭谿付近で戦う。まず、金華、蘭谿、建徳《けんとく》、寿昌《じゆしょう》の守備部隊が陣地で日本軍の攻撃に抵抗しながら、彼らを金華、蘭谿付近まで誘い込む。次に、まず伏兵が日本軍の退路を遮断し、その後、金華、蘭谿周辺の部隊が敵を包囲して撃滅する。

第三段階――衢州付近で決戦に臨む。衢州を守る第八六軍が戦区の砲兵を駆使して、日本軍の攻撃から衢州の陣地を死守する。決戦地は衢州の南北に広がる山地とする。敵を速やかに衢州付近に誘導し、空軍の協力、ならびに歩兵と砲兵の連携により、彼らを陣地前で抑え込む。もし、日本軍の攻勢が強くて突破された場合は、主力部隊を南北の山地に進めて、敵を包囲攻撃、挟撃、追撃して殲滅していく。さらに、浙江省西部から進んだ部隊が日本軍の虚を突いて杭州を襲撃し、滬杭《ここう》線（上海―杭州）を寸断し、勝利を確実なものとする。

## 浙贛作戦第一期作戦概要図

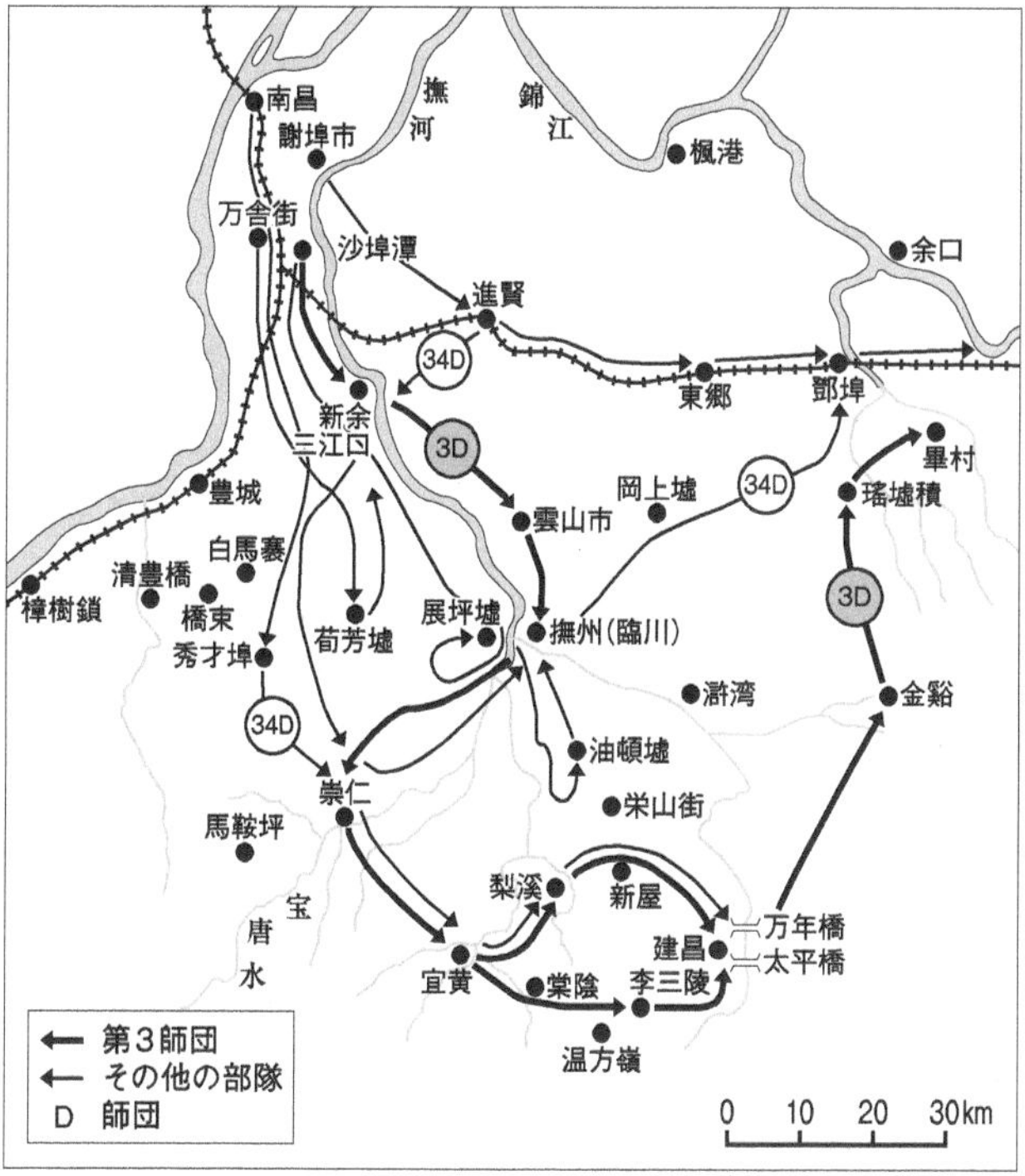


『第三師団通信隊誌』より改変作成

第四段階――日本軍が衢州攻略に失敗し、重大な打撃を受けて敗走したら、その機を逃さず追撃に入る。このとき、日本軍の背後にある交通や通信を徹底的に破壊し、彼らの退路を寸断。その上で、中国軍が一丸となって、敗走する日本軍を金華付近で包囲し、これを殲滅する。

また、第一一軍の進攻が予想された南昌の防衛についても、第三戦区は第九戦区の部隊と協力して、彼らに攻撃を加えながら南昌西方の鷹潭《ようたん》の陣地近くまで誘《おび》き寄せ、包囲撃滅すると定めた。

前線で敵に攻撃を加えながら戦場の奥に誘い込み、敵の退路を断って包囲殲滅する。そして、彼らがそこから逃げ出せば徹底的に追撃する。これは、第二次長沙作戦でも第九戦区が実践して勝利を得た、王道ともいえる中国軍の戦法であった。

さらに、ここで中国共産党についても注目しておきたい。一九二一年七月、上海で結成された中国共産党は、資本家から搾取を受けていた工場労働者や農民らの支持を集めて急速に党勢を拡大していく。一方、中国国民党との対立は日増しに高まり、三四年一〇月、国民革命軍の攻撃から逃れるため、彼らは長征と称して、本拠地の江西省瑞金《ずいきん》からおよそ一年かけて、約一万二五〇〇キロ先の陝西省《せんせいしょう》延安《えんあん》まで撤退していったのである。この長征のさなか、それまで中国共産党を主導していたソ連留学グループは排除され、農村での革命運動に実績を挙げていた毛沢東《もうたくとう》が実権を握った。

中国共産党の運命も風前の灯《ともしび》であったが、一九三六年一二月、西安事件が発生。中国共産党と内通した張学良《ちようがくりよう》に捕らえられた蔣介石は、長く続いた中国共産党との内戦を停止すると宣言した。そして、日中戦争勃発《ぼつぱつ》後の三七年九月、両党は第二次国共合作を結成、日本の中国侵略に一致団結することとなる。中国共産党の軍隊である中国工農紅軍は、国民革命軍の隷下に入り、延安を拠点とする第八路軍（八路軍《はちろ》）と、長江下流域を中心に展開する新四軍に改編された。

だが、両党の対立はこれで解消されたわけでなく、しばしば共通の敵である日本軍そっちのけで紛争を引き起こした。一九四一年一月には、新四軍が国民革命軍の襲撃を受け、戦力の大半を失った（皖南《かんなん》事件、または新四軍事件）。

皖南事件後、延安の中共中央は、新四軍の立て直しを図るとともに、上海、杭州、寧波《ニンポー》に挟まれた浙江省東部一帯に新たな拠点、浙東《せつとう》抗日根拠地を建設することを決める（『華中抗戦大紀実』）。そして、彼らの根拠地がまさに完成するそのとき、浙贛作戦が起きたのだ。

**黄梅天**

第三師団の動きを追う前に、先発した第一三軍について触れる。第一三軍の作戦部隊は、準備を整えると、五月一四日から一六日にかけて、順次進軍を開始した。一五日、第二二師団は杭甬線《こうようせん》（蕭甬線《しょうようせん》。杭州―寧波）沿線の東関《とうかん》から出撃、同日、奉化《ほうか》（蔣介石の故郷）から進軍した第七〇師団と協力し、嵊県と新昌《しんしょう》方面に展開していた暫編第九軍と交戦する。しかし、敵がすぐに撤退したため、両師団は彼らを追って前進した。一六日、第一一六師団は杭州付近から出発し、特に敵の攻撃を受けることなく、一八日までに新登から桐廬へと進出していく（「せ号（浙贛）作戦経過概要」）。

一九日、畑総司令官は、杭州で澤田軍司令官から戦況について報告を受けた。畑はその日の日記に、浙贛作戦は「順調に進捗《しんちょく》しあるのみならず、却《かえっ》て敵は東陽、義烏の線よりあつさり后退の憂あり、捕捉《ほそく》困難ならずやと懸念せらる」（『陸軍 畑俊六日誌』）と記している。このとき、畑は前述の中国軍の戦術にうすうす感づいていたのではないか。

第一三軍各部隊は、二〇日までに義烏方面まで進出すると、作戦の計画どおり、金華、衢州方面攻略の準備に入ったのである。

このように、浙贛作戦は開始からきわめて順調に進んでいるように思われた。しかし、このあと第一三軍は、思わぬ理由から足踏みせざるを得なくなった。その理由とは何か。澤田は言う。

二十三、二十四両日の降雨により蘭谿江及新安江《しんあんこう》増水し、午前中渡渉したる処も午後に入り不可能となり、第十五、第百十六、第三十二各師団の渡河著しく遅延を見んとす。第三十二師団長より「歩二大半、砲一大は既に渡河し寿昌方向に前進中なるも、主力の渡河見込立たず、明二十六日淳安《じゅんあん》方面に転身《ママ》し、遠く敵の後方常山《じょうざん》又は玉山に進出して可なりや」との伺あり。然《しか》れども之《こ》れ雨期長途の山地通過にして一層大なる冒険なり。

（『昭和十七、八年の支那派遣軍』）

この雨は、日本の梅雨にあたる五月下旬から七月初めにかけて、長江中下流域に降る黄梅《おうばい》天《てん》（横梅天、黄梅雨）であった。黄梅天は、この地域に広がる水田に恵みの雨をもたらす。だが、この年は六〇年来の大豪雨で、各所で河川の氾濫《はんらん》や道路の寸断が起き、進軍を困難にしたのである。

さらに、第一三軍をある悲劇が襲う。五月二八日、第一五師団長の酒井《さかい》直次《なおじ》中将が蘭谿付近で戦闘指揮中、敵の地雷に触れ、軍馬ともども吹き飛ばされたのだ。酒井のもとに駆けつけた同師団参謀長の川久保《かわくぼ》鎮馬《しずま》大佐が、そのときの様子を振り返る。

地雷の爆発で師団長は落馬され、馬は朱に染まり倒れた。閣下の左脚腓脛《ふくらはぎ》の肉はもぎとられ、足の裏は粉砕されていた。軍医部長が応急処置をした。閣下は「参謀長、私に代わって師団を指揮せよ」と命ぜられ、かつ「迷惑をかけてすまぬ」といっておられた。顔色は青ざめてはいるが割合にお元気であった。

その後容態が急変し、輸血も準備したが遂に間に合わなかった。参謀長以下見守るなかに閣下は安らかに永眠された。（『槍部隊史』）

第一三軍が黄梅天にみまわれ、かつ第一五師団長を失うという大きな損害を被った一方、江西省の第一一軍および第三師団は、いかにして戦いに臨んだか。「第十一軍浙贛作戦経過の概要」をもとに見ていこう。

### ウジ虫、赤痢、酷暑が襲う

五月下旬、第一一軍は戦闘司令所を南昌に置き、隷下各部隊に贛江《かんこう》右岸付近まで進み、作戦準備に入るよう命じた。

第三師団は、二九日南昌東南方の贛江と撫河に挟まれた沙埠潭《さふたん》に到着。三一日深夜に渡河し、六月一日、撫河上流の臨川に向けて進軍を開始する。前方の撫河河岸には、江西保安団（保安団は地方で組織された治安維持部隊）三個団と第一〇〇軍が陣地を設けて抵抗の構えを見せていた。第三師団は、第三四師団、今井、井手両支隊と協力して、敵陣地を総攻撃して占領。撫河を越えて、三日夕方までに、臨川にほど近い雲山《うんざん》市まで進出する。臨川に日本軍が迫ってきたことから、贛江西岸にいた第七九軍は、急遽臨川西南方まで移動し、日本軍の進攻に備えた。

雲山市と臨川の間に流れる撫河が黄梅天による長雨で氾濫していたが、第三師団は四日夜半、撫河を越えて臨川への突撃を決める。歩兵第六聯隊第一中隊は、日没後、撫河の浅瀬を抜け臨川城に突入し、一角を占領した。同聯隊第八中隊は、筏《いかだ》を急造して撫河を渡り、第一中隊に続いて城内に入り敵と交戦し、五日未明、南門を占領する。その後、別の中隊も到着し、六日までに臨川城を占領したのであった（「浙贛作戦（第八中隊）」、『歩兵第六聯隊歴史・追録』所収）。第三師団主力は、ただちに臨川からさらに南西方の崇仁《すうじん》に進む。

臨川の近くには、中国軍が集積した米穀や塩などの食料、桐油があった。第一一軍は、日本海軍の協力のもと、それらを船舶に詰め込んで南昌方面へ輸送した。その数量は膨大で、輸送を終えるのにおよそ一ヶ月かかったという（『歩兵第六聯隊歴史・追録』）。

臨川を攻略した第一一軍も戦闘中、黄梅天に襲われた。歩兵第六聯隊速射砲中隊の木股《きまた》喜代治郎《よじろう》の証言を見よう。

友軍の第一線になっている沙牡丹《さぼたん》川の左岸に到達する頃になって雷鳴と稲妻だけは遠のいたが、雨の方は相変わらず降り続いていたので、大小の河川は氾濫して作戦行動に支障を来たす様になっていた。（引用者略）

第一線の小銃隊は敵の第一線警備隊と戦闘が開始されていたが大した抵抗もなく水の中を行軍して二日目を迎えた。雨は相変らず降り続いていた。東郷渡し附近で敵の強力な陣地に遭遇したので「速射砲前え」の命令が伝えられた。

「この雨の中で千米先の目標など見えないのに何を撃たせるんだらう」と二日間濡《ぬ》れ放しのクソやけで皆思い思いの悪口雑言を言い乍《なが》ら前方へ進出する。氾濫した河川は既にこの附近の田畑も道路も水に没して一望の湖であった。（「淅贑《ママ》作戦」、『歩兵第六聯隊速射砲中隊戦史』所収）

木股ら速射砲中隊は、ときおり現れる中国軍と戦いながら、豪雨でぬかるんだ泥土の上を数日間歩き続けた。ようやく、彼らは安全な町の中に入り、三日間の休息を取る。木股も一息ついて、数日ぶりに軍靴を脱いだ。すると、「靴下の目にふやけた自分の皮膚が一緒にむけて来るので、沸かした湯の中に足を入れ、一時間位経って静かにめくって靴下を脱いだら右足の親指の付け根に白いウジ虫が沢山動いていたのには再び驚いた。其処《そこ》で度の強い支那酒を持って来て、痛いのを我慢して両足を入れて消毒をし、ウジ虫を殺した」。

もともと、軍靴は長い行軍でも耐えられる丈夫な牛革で造られていた。しかし、アジア太平洋戦争開戦後、日本は物資不足にみまわれ、軍靴の材料も質の劣る馬や豚の革が用いられた（『日本軍兵士』）。木股の事例は、物不足に陥った日本の状況を物語っている。

日本軍将兵を襲ったのは、ウジ虫だけではなかった。南昌で作戦の準備に当たっていた歩兵第一八聯隊第八中隊では、次のような事態となっていた。

ここに駐留となって、再び中隊は渡河訓練の特訓に励む。連日、訓練に訓練を続けて次期作戦での成果が期待された。

しかし、二十日以来、降り続く連日の雨で、附近一帯は水の氾濫となり、湿気は極端に高くなって、中隊の将兵の間には「アメーバ赤痢」が発生し、重度のものは既に倒れたものもある。あるものは腹痛を訴えながら昼夜の別なく、度重なる厠《かわや》通いで、日増しに痩《や》せ衰えて、見るも哀れな姿となった。軍医は今のところこの病気の薬治法はなく、手や口を常に清潔にして、飲食物、殊に生物、生水を口にしないで、寝冷えをしないように注意する外に方法はない。というだけで、憂うべき状態となった（『日中事変および太平洋戦争における　歩兵第十八連隊第八中隊史』）。

六月初旬、黄梅天がいったん収まると、江南一帯は一転、猛烈な暑さとなり、すでに泥土に足を取られて体力を失っていた将兵を、さらに窮地に追い込んだ。第三師団通信隊の桜田兼吉は言う。

幾日目か、急進撃のため、部隊は一人遅れ二人遅れ、ばらばらになって三々五々、各隊入りまじり足まかせに南進を続けていた。馬渕《まぶち》上等兵が疲れたというので、私も一緒に畦《あぜ》に座りこんだ。容赦なく照りつける太陽、湯の如く沸いた田の水、天地の間は蒸風呂《ぶろ》の如し。耐えきれなくなって、二人は畦を背に水田の中に座りこみ、防暑帽で水を掬《すく》って頭から浴びた。通り過ぎる兵隊がときおり「大丈夫か」と声をかける。

そのうち、私はフアフアした気分になって、何の歌かを唄《うた》いだすなど自制心を失しかけた。しばらくして気をとり戻し、びしょ濡れの姿で歩きだした。他の連中も、道端の水を頭からかぶりながら歩いているのでぐしょ濡れ姿ばかりだ。(「浙贛作戦回顧」、『第三師団通信隊誌』所収)

第一一三軍の河野混成旅団に配属されていた第三師団通信隊の河野政秀は、炎天下のもとで行軍していた際、「集落と集落をつなぐ水田のなかの一本道の中間辺りに、関所のようなくぐり抜けの建物がある。そこを通りぬける度毎に、倒れて介護をうける暍病（熱中症――引用者注）患者を見た。裸にされて眼を虚《うつ》ろなもの、暴れて押えつけられた患者を見て、私は暑さに負けてなるものかと思った」（「暍病にたおれる」、同右）。

歴史学者の吉田裕《よしだゆたか》が指摘するように、すでに浙贛作戦前年の一九四一年の時点で、日中戦争での日本軍の戦没者数の約半分は戦いで命を落とす戦死ではなく、戦場で病にかかり亡くなる戦病死であった（『日本軍兵士』）。浙贛作戦の日本軍将兵は、中国軍と病というふたつの敵と相対していたといえる。

## 第二節　敵味方を苦しめた細菌戦

### ペスト菌に感染させた蚤を投下する

酷暑に苦しめられていた第三師団通信隊では、新たな事態が起きていた。

（休息中――引用者注）歌の上手な近藤君が、陽気に「誰か故郷を想わざる」を美声で唱う。（引用者略）

突然、近藤君の顔色が変わり、皆が心配して聞くと「下痢また下痢でズボンを履《ママ》く暇もない」という。早速、軍医に診せるとコレラと診断、直ぐ入院させることになった。私たちは、近藤君がそんな恐ろしい病気に罹《かか》っているとも知らず、一緒に食事をしていたのだ。私が近くの民家へ馬糧《ばりょう》を探しに行った時、下半身糞《くそ》だらけの住民があちこちに寝ていたが、やっぱりこれが感染したらしい。(「コレラ騒ぎ」、『第三師団通信隊誌』所収)

コレラとは、コレラ菌に汚染された水や食物を摂取することで起きる経口感染症のひとつである。一日以内の潜伏期間をへて、下痢を主症状に発症する。重度の場合、大量の排泄《はいせつ》による脱水症状、意識の消失、低カリウム血症による痙攣《けいれん》などを起こし、最悪、死に至る(「コレラとは」、「NIID 国立感染症研究所」)。

同隊の前野《まえの》高広《たかひろ》によると、「浙贛作戦に出発前、三種混合の予防接種と種痘を受けた。今度の作戦地は悪疫の流行地とか、厳に注意すべしということだった。注射馴《な》れのした私達兵隊も、このときは、未《いま》だ一度も経験したことのない極めて強烈なもので、半日の練兵休が与えられた。私は少し発熱した。(三種混合は、コレラ・ペスト・パラチフスだったと思う)」(「雨と兵隊」、『第三師団通信隊誌』所収)。

コレラの被害は、予防接種を受けられる日本兵はまだしも、戦火により、予防接種どころか、罹患《りかん》後の治療もまともに受けられない現地住民にも容赦なく及んだ。例えば、在杭州日本領事館の田中繁三領事によると、浙贛作戦期間中の七月二六日、杭州北東の浙江省嘉興《かこう》県（現嘉興市）でコレラを発症した住民が死亡。その後、すぐさま感染者が四〇〇人に達し、そのうち四分の一の一〇〇人が命を落とす。調査の結果、原因は汚染されたクリークの水を飲んだためであった（「コレラ発生状況ニ関スル件」、「伝染病報告雑纂　中国ノ部（満蒙ヲ除ク）第八巻」）。

コレラ以外に、浙江省ではペストも蔓延《まんえん》していた。ペストはペスト菌によって発症する感染症で、おもに保菌主である齧歯《げっし》類動物の血を吸った蚤《のみ》によって伝播《でんぱ》する。人がペストを発症すると、リンパ節の腫脹《しゅちょう》、発熱、頭痛、悪寒、倦怠《けんたい》感など全身性の症状が起こる。ひどい場合は、敗血症や重篤な肺炎を引き起こす（「ペストとは」、「NIID　国立感染症研究所」）。

浙江省では、浙贛作戦が始まる以前の一九四一年一二月に、顧第三戦区司令長官の命を受けて、浙江省政府が各県にペスト拡大防止の対策を緊急に講じるよう、通達を発していた（浙江省衛生処代電　衛三方字四二九号、『中国側史料　中国侵略と七三一部隊の細菌戦』）。

なぜ、浙江省ではこのとき伝染病が流行していたのか。一九四一年三月五日、国民政府行政院衛生署は浙江省衛生処長に電文を送り、「本署は数回にわたって、敵機が浙江省に襲来し顆粒《かりゅう》状物体を散布し、その物体を検査に出しましたところペスト桿菌《かんきん》であったということに関しての報告を受けとりました」（衛生署快郵代電　衛字三〇三〇七号、同右）と、日本軍機によって、ペスト菌が上空から浙江省にばら撒《ま》かれたことを報告している。

七三一部隊と細菌戦の関係については、経済学者の松村高夫《まつむらたかお》の研究（「731部隊と細菌戦」、『三田学会雑誌』第九一巻第二号）に詳しい。それによると、一九四〇年、哈爾濱郊外の平房（現哈爾濱市平房区）に細菌培養と製造のための施設が完成。その施設では、各課に分かれて、チフス、コレラ、赤痢、ペスト、結核、炭疽《たんそ》、天然痘など細菌の研究が行われた。

このとき、日本軍は中国軍との激しい戦いで、兵器の消耗が深刻化しており、比較的安価に生産でき、かつ、投下しても容易に隠蔽《いんぺい》できる細菌兵器に着目していた。そして、中国本土で細菌戦を実施するときの実行部隊として、支那派遣軍に所属する北京の北支那方面軍、南京の中支那派遣軍、広州の南支那方面軍にそれぞれ防疫給水部が設立される。

七三一部隊がもっとも実戦に有効であるとみなした細菌兵器が、ペスト菌弾である。当時世界の生物学界では、ペスト菌を空中から投下しても、地上に届く前に死滅してしまうことが常識とされていた。しかし、七三一部隊はこの常識を打ち破り、ペスト菌に感染させた蚤を穀物に混ぜて飛行機から投下することで、ペスト菌を地上にばら撒くという方法を考案したのだ。

なぜ、蚤と穀物を混ぜたのか。それは、ペスト菌を保有した蚤が、地上に落ちた穀物を食べに群がったネズミに寄生し、さらに、そのネズミを媒介に蚤が人間に伝わり、ペスト菌に感染させるからだ（『日本陸軍のアジア空襲』）。

細菌製造能力は、一ヶ月の間に最大ペスト菌三〇〇キログラム、チフス菌八〇〇—九〇〇キログラム、炭疽菌五〇〇—七〇〇キログラム、コレラ菌一トンであった。

七三一部隊は、一九三九年五月に満蒙《まんもう》国境で起きたノモンハン事件で、事件発生現場付近の川に腸チフス菌を投入することに成功すると、四〇年以降、中国本土で本格的に細菌戦を実行したのだ。細菌がばら撒かれた場所のなかには、浙贛作戦の主戦場であった浙江省も含まれた。

なお、一九〇七年一〇月、第二回万国平和会議で改正成立した「陸戦の法規慣例に関する条約」、通称ハーグ陸戦条約では、毒または毒を施した兵器、不必要な苦痛を与える兵器や投射物、その他物質の使用を禁じている。また、二五年に成立したジュネーヴ議定書では、窒息性ガスと毒性ガス、ならびにこれに類する細菌学的手段の戦争での使用を禁止していた。日本は前者を署名、批准（後者は署名のみ）しており、これに照らした場合、戦場への細菌散布は、条約違反であり、かつ戦争犯罪でもあった。

細菌がばら撒かれた戦場はどうなったのか。日本軍の戦争犯罪について数多く研究した森《もり》正孝《まさたか》（「七三一部隊と細菌戦」、『日本軍の細菌戦・毒ガス戦』所収）によると、一九四〇年八月五日、哈爾濱から派遣された細菌戦専門の奈良部隊（部隊名は、七三一部隊の飯田奈良一《いいだならいち》庶務課主任の名前が由来）が、中支那派遣軍の防疫給水部、通称栄《さかえ》一六四四部隊と合流し、翌六日杭州へ到着した。そして、攻撃目標を浙江省の寧波、衢州、金華、玉山、温州《おんしゅう》、台州《だいしゅう》、麗水とし、一〇月七日までに計六回の細菌戦を行ったという。この攻撃で使用された細菌は、コレラ、チフス、ペストで、特にペストは衢州で翌四一年まで流行し、二七四人の死者を出している。このほか、寧波や金華、義烏などでもペストの感染が広がった。

すなわち、浙贛作戦で日本軍を苦しめた細菌は、そもそも日本軍が撒いたものであり、予防接種を受けなければ戦場で細菌に感染するおそれがあるという、「日兵のこの〝苦しみ〟は自業自得であった」（同右）。

大本営は、自らが広めた細菌で作戦部隊に被害が及んだことを憂慮し、これまでの細菌戦の方法を見直すことを決める。そして、議論の結果、作戦部隊が占領地から退くときに、無住地帯となった場所に細菌を散布し、そこに戻ってきた現地住民や中国兵に感染させる作戦に変更した。

### 臨川反転作戦

義烏から衢州方面へと進攻した第一三軍の作戦部隊は、五月末、衢州手前の衢江《くこう》対岸まで進む。六月六日、第三師団通信隊が所属していた河野混成旅団は、破壊された衢江に架かる鉄橋を補修し、その上を通って衢州に向かった。そのほかの部隊は、減水した隙をついて渡河し、衢州に突撃する。

これに対し、第三戦区は軍事委員会の指示を受け、戦力を保持するため、衢州での決戦を回避し、迫る第一三軍に応戦しながら退く。七日、河野旅団らは、衢州城に入り、同地は日本軍の手に落ちたのであった。

再び、第一一軍と第三師団の動きを見ていこう。衢州の占領を受け、第一一軍司令部は七日、まず第三師団と竹原支隊を臨川より先の建昌《けんしょう》（南城《なんじょう》）方面に進軍させ、敵を撃破する。さらにそこから浙江省境に向かって進み、第一三軍部隊と手を結ぶこととした（「第十一軍浙贛作戦経過の概要」）。

第三師団は、前方の河川が氾濫していたため、一〇日未明になって塘、岸川両旅団を二手に分けて前進を開始。途中で敵を倒しながら、一二日建昌城を占領した。周辺の道路や水田には日本軍機の爆撃によって亡くなった中国兵の遺体が散乱していたという（『野砲兵第三聯隊史』）。第三師団は、建昌から北東に向きを転じ、一五日金谿《きんけい》（秀谷《しゅうこく》）に進んで第一一軍司令部の指示を待った。

ここで、第三師団は敵の新たな動きを知る。それは、第九戦区司令長官の薛岳が、防御の手薄になっていた臨川を奪回するために第四軍と第五八軍を進撃させているという情報であった。第三師団は、軍命令を受けて反転し、再び撫河を渡って臨川付近に戻り、六月下旬から第四、第五八両軍に攻撃を加え、これを掃討したのである。以後、第三師団主力は、浙贛作戦が終了するまで、臨川付近の警備にあたった。

ちなみに、八月一日、第三師団は、それまでの四個聯隊から、三個聯隊へと改編された。これは、戦線拡大に伴う師団の増設を目標のひとつに掲げた「帝国国防方針」に基づいて実施されたものだ。しかし、日本にはすでに師団を新たに設けるだけの兵力は残っていない。よって、既存の各師団から一個聯隊を抽出し、それらで師団を新設すれば、国防方針の目標が達成できた(『帝国陸軍師団変遷史』)。この改編で、第三師団の設立時からあった豊橋歩兵第一八聯隊が、奉天省(現遼寧《りょうねい》省)遼陽《りょうよう》の第二九師団に編入された。

その後、第一八聯隊は後に南方に転出し、一九四四年七月、グアム島で米軍の攻撃を前に玉砕した。

### 細菌をばら撒いて退く

第一三軍は、衢州攻略後、当初の作戦どおり、二度とドーリットル空襲のようなことをさせないため、周辺の飛行場や軍事施設、鉄道などの交通機関を徹底的に破壊する。このうち、作戦の主目的であった衢州飛行場の破壊は、第一一六師団と軍工兵隊によって行われた。作業期間は二ヶ月に及び、その間に飛行場を中心とする半径四キロメートルの範囲にあった掩《えん》蔽《ぺい》所一三ヶ所、兵舎二一棟、民家二〇〇戸などを破壊したのである。この作業に動員された延べ人数は、工兵約四七〇〇人、歩兵など約三万四四〇〇人、苦力《クーリー》と呼ばれる中国人労働者約一万七〇〇〇人、捕虜約四万人の計約一〇万人に上った（『槍部隊史』）。

八月下旬までに、衢州ほか玉山と麗水の飛行場を破壊し終えた第一三軍は、順次杭州方面に引き揚げ始める。その際、撤退する地域に細菌をばら撒いた。

一九四九年一二月、ソ連極東のハバロフスクで開かれた裁判がある。アジア太平洋戦争中の細菌兵器の準備と使用の容疑で起訴された元日本軍人一二人のものだ。その裁判で証人に立った古都良雄が語っている（『細菌戦用兵器ノ準備及ビ使用ノ廉デ起訴サレタ元日本軍軍人ノ事件ニ関スル公判書類』）。

古都は一九四一年七月、関東軍の軍属として七三一部隊に入り、浙贛作戦に関わる前は、病原菌研究班で勤務をしていた。なお、この証言は、ソ連共産党の独裁体制下での裁判である。彼は証人台に上がる際に真実のみを語ると宣言したが、そのような背景のなかで発したことばであることは、読み進めるうえで一定の考慮を要する。

浙贛作戦で、古都は石井部隊の一員として栄一六四四部隊に合流し、細菌戦の実行者のひとりとなった。そのときのことを、彼は次のように述べた。

　南京部隊（栄一六四四部隊——引用者注）に到着次第、罎《びん》に詰められた細菌の一部は、是《こ》れを通常、飲料水用の金属製水筒に入れ替え、残りの部分は、罎の中に残しました。罎と一緒に、水筒はすべて是れを、箱詰めにし、次いで飛行機で攻撃予定地に送りました。攻撃は、水筒及び罎を井戸、湿地、村落の民家に投込む方法によって行われました。ペプトン（タンパク質に酸やアルカリなどを加える際にできる加水分解質のこと——引用者注）用罎の一部は、特製の肉汁で細菌を繁殖するのに利用されましたが、此の肉汁の成分は、記憶していません。（同右）

続けて、古都が細菌戦で直接関わったことがらについて問われると、彼はこう答えた。

　私は、細菌を充填《じゅうてん》した水筒を井戸、湿地、平和的住民の住居に投込むことに参加しました。
　当時、其処には、総数約三〇〇〇人からなる中国軍の俘虜《ふりょ》の収容所が二つありましたが、三〇〇〇個の特製の饅頭《まんじゅう》が製造されました。饅頭の製造には、派遣隊員が参加し、暫《しば》くして此等《これら》の饅頭には、注射器で細菌が注入されました。（引用者略）此等の饅頭が中国人に配られたことは、饅頭を手にした中国人を撮《うつ》した写真を私自身が見たことによっても確かであります。（同右）

中国軍将兵への被害のほかにも、彼らによって撒かれた細菌により、衢州一帯では伝染病が蔓延し、住民およそ二〇〇〇人が亡くなった。特にペスト菌の流行は深刻で、この地域でそれが撲滅されたのは、戦後になった一九四八年のことであった（「七三一部隊と細菌戦」、『日本軍の細菌戦・毒ガス戦』所収）。

浙贛作戦で細菌戦が行われた時期には、ちょうど太平洋戦争緒戦の山場であるミッドウェーの戦いがあった。そのため、人々の関心は太平洋戦争に向けられ、細菌戦は、なかば見過ごされてきた。しかし、中国人捕虜だけでなく、戦争と関係のない多くの現地住民の命を奪った細菌戦は、日本軍の組織的な戦争犯罪として、今後も銘記されるべきであろう。

ところで、細菌戦による日本軍への被害はどれほどあったのか。日本軍の統計によると、浙贛作戦の全期間における第一三軍の人的損害は、戦死が一二八四人、戦傷が二七六七人、戦病が一万一八一二人と、戦病者がほかを圧倒していた。特に、衢州占領後の六月一六日から完全に作戦が終了する九月三〇日までの間の戦病者数は、全体の約八四パーセントにあたる一万人に達している（『昭和十七、八年の支那派遣軍』）。このなかには、急速な作戦の進展で、後方からの補給が追いつかず、栄養失調や脚気《かっけ》に苦しんだ第二二師団歩兵第八四聯隊の被害（「歩兵第八四連隊原七九三四部隊」、「タイ・仏印方面部隊略歴」）も含まれていたと考えられるが、多くは細菌罹患者であったのではないか。

その根拠のひとつとして、栄一六四四部隊九江《きゅうこう》支部員であった榛葉修の証言がある。それによると、すでに衢州占領中の一九四二年六月から七月にかけて、金華付近でコレラ、チフス、ペスト、赤痢菌が散布され、そこで飲用水を飲んだ日本軍将兵らは感染した。その結果、彼らが後送された杭州陸軍病院は、伝染病患者でいっぱいになり、毎日三人から五人が死亡し、八月には患者数が数千人に達したという（「七三一部隊と細菌戦」、『日本軍の細菌戦・毒ガス戦』所収）。

一方、第一一軍の損害はどうか。臨川付近の警備にあたっていた同軍は、作戦の終了を受け、八月二七日、司令部のある南昌へ帰還した。第一一軍参謀部が八月三〇日付で作成した「自五月三十一日至八月十七日　浙贛作戦総合戦果表」（『昭和十七、八年の支那派遣軍』所収）によると、浙贛作戦中に第一一軍が受けた損害は、戦死が三三六人、戦傷が九四九人であった。この記録のなかに、第一三軍の統計にあった戦病者数は含まれていなかった。何らかの意図で戦病者数を入れなかったのか、あるいはそもそも戦病者がいなかったのか、記されなかった理由は不明である。

しかし、第三師団に所属する部隊の部隊史や将兵の回想を見る限り、第一三軍ほど、作戦中に赤痢以外、細菌に冒された事例は、第一一軍にはあまりみられない。これは七三一部隊の細菌戦が、浙江省だけに限定され、隣の江西省まで感染が広がらなかったためであろう。

## 浙贛作戦での毒ガス戦

浙贛作戦では、細菌が日本軍によって戦場にばら撒かれただけでなく、毒ガスも兵器として用いられた。毒ガスも前述のとおり、ハーグ陸戦条約やジュネーヴ議定書に基づき、国際的に戦争での使用が禁止されている。だが、外務省によると、日本側はジュネーヴ議定書を批准していないことなどを理由に、戦場で毒ガス兵器が使用されることを暗に認めていたのだ（「毒瓦斯《ガス》使用禁止問題」、「条約ノ調印、批准、実施其他ノ先例雑件（条約局ヨリ引継文書）先例集（二）」）。

また、陸軍の特殊作戦について規定した軍事極秘の『作戦要務令　第四部』には、「瓦斯用法」（『十五年戦争極秘資料集　補巻27』所収）として、戦場での毒ガス使用について次のように定めている。「瓦斯《ガス》を使用するは、報復手段として予《あらかじ》め之《これ》を許されある場合に限るものとす」（第二）、「瓦斯使用に方《あた》りては、敵の意表に出で、所望の区域に対し十分の量を集中することと緊要なり」（第四）、「大規模の瓦斯使用に在りては、高級指揮官之を計画指導するものとす。小規模の瓦斯使用に在りては、所要に応じ高級指揮官若《も》しくは其《それ》以下の指揮官に於《お》いて使用の時機及地域、瓦斯の種類、数量等に関し適宜統制するものとす」（第七）。

つまり、陸軍も毒ガス使用を禁止しておらず、戦場で使うときは、高級指揮官などの指導のもと、あらかじめ報復手段として許される場合に、敵の意表を突いて、所定の区域に十分な量を散布するよう定めていたのである。

ここで、戦後日本の安全保障や平和学などを研究する水本和実《みずもとかずみ》の研究（水本和実「生物・化学兵器と旧日本軍の毒ガス兵器」、『戦争の非人道性』所収）をもとに、毒ガスを含む化学兵器について簡単に説明する。いわゆる化学兵器とは、殺傷を目的とした化学剤といわれる毒性の強い化学物質と、それを砲弾や散布器などで放出、拡散させる軍用器具などをいう。これが使用されると、化学剤が鼻や口から入ったり、皮膚や粘膜で接触したりして体内に入り、人体を無能力化、または殺傷する。

化学剤の種類は、神経に障害を起こして呼吸困難や痙攣などをもたらす神経剤、目の炎症や皮膚のただれを引き起こす糜爛《びらん》剤、喉《のど》の炎症や肺水腫を起こす窒息剤などに分けられる。

化学兵器が本格的に使用されるようになったのは、二〇世紀に入ってからである。一九一四年に始まった第一次世界大戦では、ドイツ軍が連合軍に対し、塩素ガスやイペリット（ドイツ軍がベルギーのイープルでこれを使用したことが名称の由来）といわれる糜爛性のマスタードガスを使用し、およそ一万四〇〇〇人の死傷者を出す。連合国も対抗して化学兵器をいくつも開発し、それらによって、同大戦中に一〇万人以上が命を落としたという。

日本は、第一次世界大戦後から毒ガス開発を始める。一九二八年、陸軍は瀬戸内海《せとないかい》に浮かぶ広島県大久野島《おおくのしま》に陸軍造兵廠《しょう》火工廠忠海《ただのうみ》兵器製造所を設立し、毒ガスの製造に着手した。なぜこの海に浮かぶ小さな島に毒ガス工場が建てられたのか。それは、第一次世界大戦後、世界的な化学兵器使用反対の気運のなか、批判を避けるため秘密裏に製造しなければならなかったからだ。一九三七年に福岡県曾根町《そねまち》（現北九州市小倉南《こくらみなみ》区）に開設された曾根兵器製造所で化学兵器が製造されると、大久野島で生産された毒ガスが原料として使用されたのである。

できあがった毒ガスは、その存在を隠すために別の名称がつけられた。すなわち、窒息性ガスは「あを剤」、糜爛性ガスは「きい剤」、くしゃみおよび嘔吐《おうと》性のガスは「あか剤」、血液中毒ガスは「ちゃ剤」である。そして、一酸化炭素と塩素ガスを反応させて作られる猛毒のホスゲンを「あを一号」、イペリットを「きい一号」、強い催涙性のある塩化アセトフェノンを「みどり一号」、同じく催涙性を持つトルエンを原料とした臭化ベンジルを「みどり二号」、強い毒性を含んだ三塩化ヒ素を「しろ一号」とそれぞれ呼び、兵器に採用した。

日中戦争が始まると、日本軍は緒戦から毒ガス兵器を使用した。一九三八年一〇月の武漢作戦では、三ヶ月の作戦期間中に中国軍への化学攻撃を計三七五回行い、約五万筒ものガス弾を使用している。この攻撃で、現地住民への被害はもちろん、攻撃を受けた中国軍も一個営や一個連の将兵全員が中毒に罹って亡くなるという事態が起きた（紀学仁《きがくじん》「日本軍国主義が中国侵略中に行った化学戦の罪行」、『日本軍の細菌戦・毒ガス戦』所収）。

アジア太平洋戦争に入っても、日本軍は中国戦線で毒ガス兵器を使った。浙贛作戦では、作戦開始間もない、一九四二年五月下旬、第二二師団が浙江省江山《こうざん》で、「あか弾」（あか筒）と呼ばれたくしゃみ剤を含んだガス弾を放った（「日軍使用毒瓦斯証明書」、『細菌戦与毒気戦』所収）。

この毒ガス戦で、現地住民や中国軍、または第二二師団ほか近くにいた日本軍に、どれくらいの被害が及んだのかはわからない。しかし、細菌戦の場合と同様、毒ガス戦でも、日中双方に被害があったことは容易に想像できる。

ところで、このとき第三師団は毒ガスと無関係であったのか。歩兵第六聯隊第七中隊の岡田二郎によると、同隊が南昌東南の台地を前進中、敵が潜ませた地雷を誤って炸裂させた。その衝撃で、後方の馬に積んでいたあか弾からガスが発生し、防毒マスクを着用したという（岡田二郎「浙贛作戦地雷の恐怖」、『歩兵第六聯隊歴史・追録』所収）。これが事実であるなら、第三師団も毒ガス弾を持って戦場に出ていたことになる。彼らが実際にそれを使用したかはわからない。

終戦までに忠海、曾根両兵器製造所で造られて日本国外に運ばれた毒ガス弾は、約一五五万発あったと推定される。水本によると、大久野島では、総計約六六〇〇トンの化学剤が生産され、終戦時に約三二〇〇トンがそこに残存していたことから、三四〇〇トンほどが兵器として用いられたという（「生物・化学兵器と旧日本軍の毒ガス兵器」）。

なお、近年になって、日本軍が使用した毒ガスについては、ホスゲンやイペリットなど吸引すると死の危険性が強い致死性ガスと、嘔吐性ガスや催涙ガスなど吸ってもすぐに死に直結しない非致死性ガスに区別して議論する向きがある。一九九五年、当時防衛庁防衛局長を務めていた秋山昌広は、参議院外務委員会で戦時中日本軍が非致死性ガスを充填した兵器を戦場で使ったことは資料から明らかであるが、致死性ガスの使用については、資料が断片的で確認できないと答弁した（『毒ガス戦と日本軍』）。

この問題をこれ以上深く検討することは、本書の趣旨でないため、ひとまず、ここでは致死性かどうかを問わず、すべてを毒ガスとする。

# 第三章　暴虐の戦場——江南殲滅作戦と廠窖事件

## 江南殲滅作戦(1943.4−6)

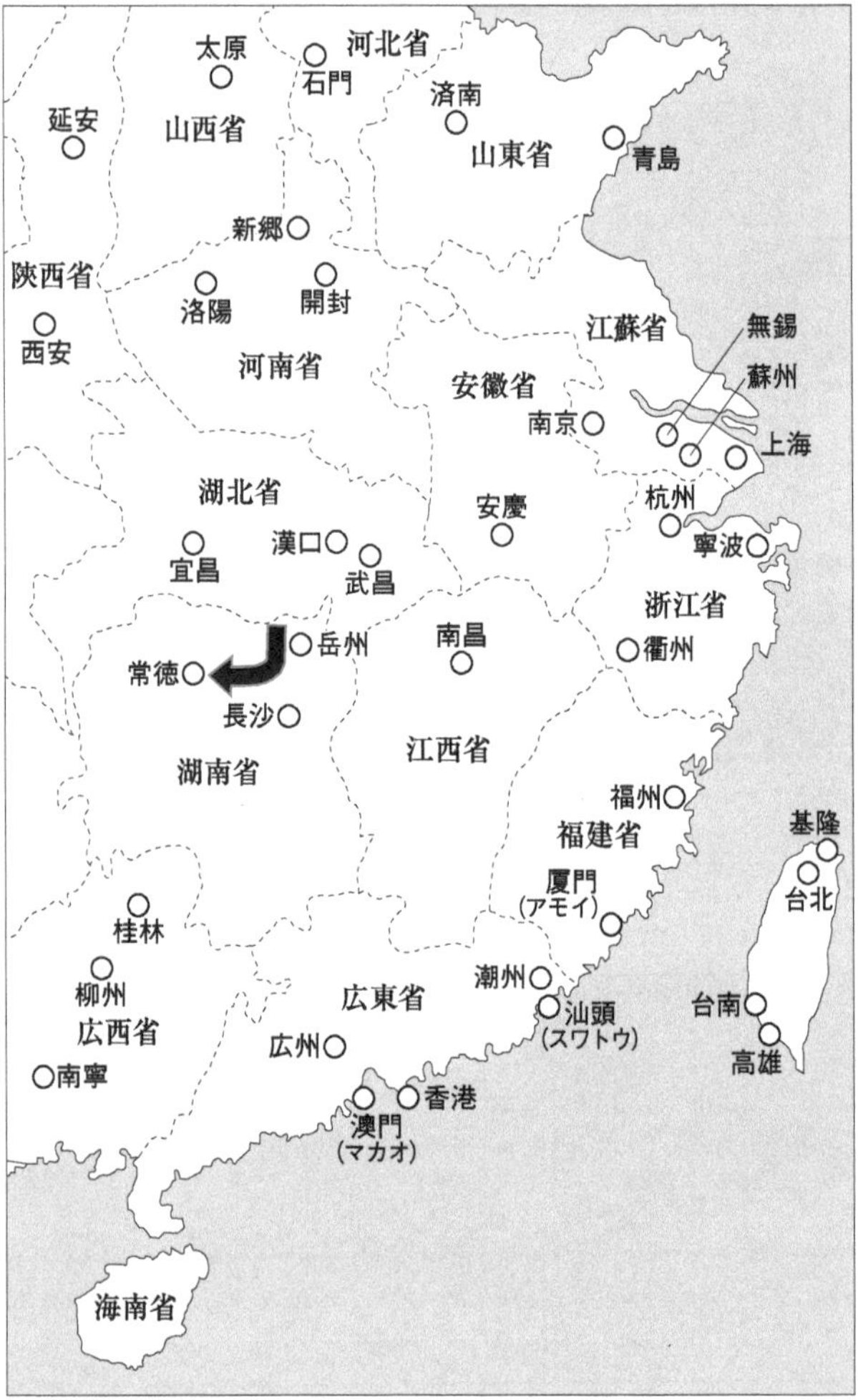

## 第一節　江南の敵野戦軍を撃滅せよ

### 五号作戦の中止と塚田司令官の死

第一一軍が浙贛作戦を戦っていた頃、参謀本部では新たな作戦計画が検討されていた。それが五号作戦（重慶作戦）である。

五号作戦とは、北支那方面軍の西安攻略と連動して、華中の第一一軍などが国民政府陪都の四川《しせん》省重慶、さらにその奥にある省都成都《せいと》まで進攻するという壮大な計画だ。これは、太平洋戦争緒戦の南方進攻が順調に進んだことを受けて考案された。

当時、参謀本部作戦課長を務めていた服部卓四郎《はっとりたくしろう》によると、五号作戦は、期間を一九四三年春頃より五ヶ月間とし、北支那方面軍が山西省南部から、第一一軍などが湖北省宜昌《ぎしょう》方面からそれぞれ進撃する。前者は西安を確保し、後者は、宜昌から長江沿いに進んで、重慶と成都《せいと》を攻略するとともに、四川省の各要地を占領する、という計画であった（『大東亜戦争全史』）。

一九四二年九月三日、杉山参謀総長は、支那派遣軍総司令部に「五号作戦準備要綱」を発し、計画に基づいて準備に取りかかるよう命じた。

しかし、同年夏頃より太平洋戦線で米軍の反転攻勢が始まる。最前線の日本軍占領地であったソロモン諸島のガダルカナル島への進攻が始まるなど、戦局変化の兆候がみられた。このため、参謀本部は大きな動員を伴う五号作戦はいったん計画を見直し、一二月一〇日、一九四三年中の五号作戦の中止を決定する。そして、支那派遣軍が着手していた作戦の準備も停止するよう命令が下った。

だが、中国戦線で中国軍と対峙《たいじ》していた支那派遣軍は、なおも五号作戦に前向きで、仮に作戦が中止となった場合でも、次のことを想定したのである。

一、五号作戦が中止されるとも「縮小した計画」で作戦を進め、しかも
二、これら作戦を、将来必らず《ママ》決行されるであろう五号作戦の準備段階とし、かつ
三、派遣軍今後の諸施策は、この武力進攻に根幹をおく（『昭和十七、八年の支那派遣軍』）

この方針を受けて、第一一軍が主力となって一九四三年から行われた作戦のひとつが、江南殲滅《せんめつ》作戦（中国名鄂西会戦《がくせいかいせん》、または宜昌戦役。以下、江南作戦）であった。

なお、一二月一八日、五号作戦に関する書類を携えた第一一軍の塚田司令官を乗せた飛行機が出張先の南京を飛び立った後、安徽、河南、湖北の三省が交わる大別山系《だいべつさんけい》上空で消息を

絶った。第一一軍司令部は、ただちに第三、第六八両師団を主力とする捜索部隊を現地に派遣する。数日間の捜索の結果、第六八師団によって塚田を含む乗員全員の遺体が発見された。塚田らの飛行機は、悪天候で低空飛行をしていたところ、敵の射撃を受け墜落炎上したという。

第一一軍は塚田らの遺体を収容した後、捜索部隊にそのまま大別山系に残って、周辺に展開する敵部隊を掃討するよう命じた（大別山作戦）。

## 江南作戦の目的と日中両軍の戦力状況

五号作戦の中止を受けて、支那派遣軍が計画した江南作戦は、いったいいかなるものであったか。江南作戦は、一九四三年三月初旬、大本営の認可のもと、支那派遣軍総司令部が同年度に実施を希望する作戦のひとつとして計画される。

作戦の目的は、「揚子江《ようすこう》の輸送力を強化するため宜昌付近にある船舶を下航するとともに、洞庭湖から宜昌対岸にわたる揚子江右岸地域の敵野戦軍を撃滅する」（同右）とされた。湖北省西部の宜昌周辺には、戦火のため長江を下航できなくなっていた合計一万数千トンもの内河航行用船舶が係留されていたのである。太平洋戦争の激化で、日本軍が中国戦線で利用できる輸送船舶の総量が乏しくなっていたため、同軍はこれらを軍需輸送用に転換して利用することを求めていた。

だが、第一一軍高級参謀の島貫武治《しまぬきたけはる》陸軍中佐によると、江南作戦には次のような真の目的が潜んでいたという。


第十一軍としての真の作戦目的は、江南地域の敵野戦軍の撃滅であった。しかし当時派遣軍は、大本営から進攻作戦については強く制限されていたので、単なる敵野戦軍の撃滅を目的とするだけでは、総司令部さらには大本営の認可を得るのは困難であったので、表面的には船腹を取得するとともに敵野戦軍の撃滅ということにされた。（同右）

すなわち、江南作戦は、輸送船舶の回収という目的を表向きの理由にした、敵の撃滅を目指す進攻作戦であったのだ。

江南殲滅作戦の日本側のおもな作戦参加部隊は次のとおりである（同右）。第三師団のみ隷下聯隊《れんたい》を示す（配属部隊は省略）。

第一一軍（軍司令官横山勇《よこやまいさむ》中将）――第三師団（師団長山本三男《やまもとみつお》中将）、第一三師団、第三九師団、独立混成第一七旅団（以下、峯兵団）、野溝《のみぞ》支隊（第五八師団基幹）、野地《のじ》支隊、小柴《こしば》支隊（第四〇師団基幹）、戸田《とだ》支隊（同基幹）、針谷支隊（第三四師団基幹）、軍直轄部隊（飛行機二四八機含む）、総兵力七万余り。

第三師団——歩兵第六聯隊（第二大隊欠。聯隊長〔以下同〕中畑護一《なかはたごいち》大佐。以下、中畑部隊）、歩兵第三四聯隊（第三大隊欠。簗瀬眞琴《やなせまこと》大佐。以下、簗瀬部隊）、歩兵第六八聯隊（第三大隊欠。橋本熊吾《はしもとくまご》大佐。以下、橋本部隊）、騎兵第三聯隊（宮崎次彦《みやざきつぐひこ》大佐。以下、宮崎部隊）、野砲兵第三聯隊（村川武壽《むらかわたけひさ》大佐。以下、村川部隊）、工兵第三聯隊（沼崎恭平《ぬまざききょうへい》中佐）、輜重《しちょう》兵第三聯隊（杉《すぎ》本祐一《もとゆういち》中佐）。

作戦は次の四期に分けられる。第一期は五月五日から一一日にかけて行われる湖南省北部の安郷《あんごう》から南県《なんけん》（南洲《なんしゅう》）地区で行われる戦い。これには、第三師団、峯兵団、小柴支隊、戸田支隊、針谷支隊が参加する。第二期は、五月一二日から一八日までを作戦期間とする湖北省枝江《しこう》から公安《こうあん》までの敵を南北から挟撃する戦いで、第三師団、第一三師団、野溝支隊が臨む。第三期は、五月一九日から二九日まで行う宜昌西方地区の戦いで、第三師団、第一三師団、第三九師団、野地支隊が参戦する。第四期は反転作戦で、一部部隊を長江右岸に残し、軍主力は左岸に退く。第三師団は、作戦のすべてに関わる重要な役割を負っていた。

中国側の防衛態勢も見ていこう。湖南で第一一軍を迎え撃ったのは、孫連仲《そんれんちゅう》を司令長官とする第六戦区である。もともと同区の司令長官は蔣介石の側近のひとりで、対日戦の指導に中心的役割を果たした陳誠《ちんせい》が務めていた。陳は、江南作戦が始まる前の三月、日本軍のビルマ作戦に対抗するために編成された中国遠征軍の総司令に任じられ、第六戦区から雲南《うんなん》へと離れる。しかし、それからまもなくして日本軍の江南作戦が始まり、湖南方面の情勢が緊迫化する。蔣介石は急遽《きゅうきょ》、孫よりも第六戦区を熟知していた陳誠を雲南から湖北省に引き戻し、作戦の陣頭指揮に当たらせたのだ（『楚天雲』）。陳が孫から指揮を入れ替わったのは五月一九日から）。

第六戦区の戦力は、第一〇集団軍（第八七軍、第九四軍）、第二九集団軍（第四四軍、第七三軍）、重慶と四川省内陸の防衛を目的に編成された集団軍相当の長江上游江防軍《ちょうこうじょうゆうこうぼうぐん》（第一八軍、第三〇軍、第三二軍、第七九軍、第八六軍。以下、江防軍）、第七四軍、暫編第九軍の計一一個軍からなる（『中国国民党軍簡史　中』）、総兵力約一二万人。このほか、米中両空軍機が一六五機も配属される。また、四月中旬、孫連仲の指示で、長江中流左岸の湖北省松滋《しょうじ》―枝江―磨盤州《まばんしゅう》―宜都《ぎと》―茶元寺《ちゃげんじ》―聶家河《じょうかが》と、同じく右岸の湖南省常徳―臨澧《りんぽう》―澧県《ほうけん》―南県の線に陣地が構築された（『峯兵団独立歩兵第九十一大隊史』）。

これら第六戦区の防衛態勢が整ったうえで、軍事委員会は、湖北省西部（鄂西）への日本軍進攻を想定した防衛計画を立てる（『中国国民党軍簡史　中』）。これによると、戦区各部隊は湖南と湖北の省境付近にあたる次の地域の防衛にあたった。第二九軍――安郷と公安以南。第一〇軍――公安から枝江を結ぶ線以南。江防軍―宜都から宜昌をへて石牌《せきはい》を結ぶ線以南。

具体的な戦術は、まず既設陣地で攻め込んでくる日本軍に抵抗し、彼らの戦力を弱める。そして、石牌から漁陽関《ぎょようかん》（現五峰《ごほう》）の線まで日本軍を誘い込んで、全力で彼らに反撃して殲滅に導く。これは、従前の中国軍の戦法と基本的に変わらない。五月、日本軍が江南作戦を発動すると、第六戦区はただちに防衛計画に基づき配備についた。

このほか、中国共産党は江南作戦が始まる前の四三年春、石首《せきしゅ》に江北聯郷辦事処《こうほくれんきょうべんじしょ》を設け、洞庭湖北部の湖北、湖南省境で農民を巻き込んだゲリラ戦を展開することを決める。後にこの地域には石公華《せっこうか》抗日根拠地が成立し、中国奥地に戦線を拡大する日本軍の背後を脅かしていくことになる（『抗日戦争時期的湖南戦場』）。

## 「誰も降服してこなかった」

ここからは第三師団の動きをたどりつつ、江南作戦の展開を追っていく。第一期作戦の戦場となる洞庭湖西北岸と長江右岸に挟まれた湖南省北部一帯は、長江と洞庭湖に流れ込む河川が網の目のように広がり、その多くは急流なうえ、川幅がおよそ三〇〇メートル、水深が一五メートル以上もあった。そして、それら河川の両岸には溢水《いっすい》を防ぐため高い堤防が築かれていた（『歩兵第三四聯隊史』）。このいくつもの河川と堤防は、ここに攻め込む日本軍にとって、進軍の大きな障害となったのである。

これら作戦地域の特徴を踏まえ、第一期作戦に参加する部隊に課せられた計画は、およそ次のとおりである。なお、部隊は西から東に第三師団、峯兵団、小柴支隊、戸田支隊、針谷支隊の順に並んだ。

第三師団主力は五月三日夜、長江を渡って湖北省南部の石首から藕池口《ぐうちこう》に進む。このうち、中畑部隊はそのまま南に進路をとり、五日安郷北西の桃水港《とうすいこう》に突入する。その後、同隊は峯兵団とともに安郷西方に進む敵を倒し、さらに、北に進路を移して作戦部隊の右側後方を援護する。一方、簗瀬部隊は西に進み、東港《とうこう》まで達する。

峯兵団は五月四日、第三師団に続いて藕池口に前進する。翌五日、長江支流に沿って南に進み、一気に安郷に突進し敵を攻撃。さらに、針谷支隊と連携して戦場を離脱する敵を捉《とら》える。

小柴支隊は、五月五日未明より石首西方から行動を起こし、南県西南方に進んで敵を捕捉《ほそく》撃退する。

戸田支隊は、五月五日明け方、華容《かよう》東部から進撃し、洞庭湖沿いに進んで南県南東の鳥嘴《ちょうし》方面に至る。そして、針谷支隊と呼応して周辺の敵を倒す。

針谷支隊は、ほかの部隊と異なり、発動機船に乗って洞庭湖水上から水路を進む。主力は太平《たいへい》運河に沿って安郷方面に突入し、一部は九都大河《きゅうとたいが》から南県方面に入る。さらに、峯兵団、小柴支隊、戸田支隊と策応し、撤退する敵を捕捉殲滅する。

次に各部隊の作戦行動を見ていこう。まずは第三師団から。五月三日夕方、中畑部隊は予定どおり藕池口に集結し、攻撃準備に入る。彼らの前には第一〇集団軍第八七軍所属の新編第二三師が陣地を構えて抵抗の姿勢を見せていた。中畑部隊は師団命令を受けて、四日夜、夜陰を突いて進撃を開始、田圃《たんぼ》の畦《あぜ》道を匍匐《ほふく》前進しながら陣地に近づき、奇襲をかけて占領する。中畑部隊に続いて、簗瀬部隊や宮崎部隊も前進した。

中畑部隊らは、藕池口を抜けて前方の霧気河《むきが》まで進むと、安郷の峯兵団と策応するため、一路南に進路を変え、桃水港方面に向かう。

中畑部隊第一一中隊は、霧気河の茂った葦《あし》の陰に潜んでいた中国兵の集団を発見する。中隊がその茂みに向けて銃弾を放つと、彼らは手榴弾《しゅりゅうだん》や軽機関銃で応戦し、一目散にその場を退いた。この戦いで中隊は敵将校を捕虜にしたほか、迫撃砲や重機関銃などを押収したのである。このときの戦いを、同中隊指揮班長の野田衛一郎《のだえいいちろう》曹長は次のように語った。

あの時の戦斗は、敵も死物ぐるいであった。敵は霧気河の蘆《あし》草の中で、戦々兢々《きょうきょう》として隠れているのも苦痛だっただろう。われわれが大声で、馴《な》れない支那語で、スラスラメイユートントンデライライ（殺さないからみんな降服して来い）と叫んでも誰も降服してこなかった。一斉射撃をして偽喊声《かんせい》をあげ、手榴弾を投擲《とうてき》し、その瞬間突入した。私の目の前に若い中国兵が軽機を担いで逃げ出すのを発見し私は、軍刀を振って後から切りつけると軍刀が担いでいたチェッコの銃身に当り、手がしびれ相手を倒すことができなかった。なお追いかけると、敵はチェッコを担いだまま霧気河に投身してしまった。その尽《ママ》再び浮き上がってはこなかった。私は中国兵の中にこうした戦意の旺盛《おうせい》な兵士のあるのを目の前に見て戦慄《せんりつ》を覚えた。（「合丸台の戦斗（第十一中隊）」、『歩兵第六聯隊歴史・追録』所収）

中国軍は日本軍を奥深くに引き寄せて返り討ちにするという戦術をとっていたため、戦場では正面で戦うことが少なく、撤退を繰り返していた。また、逃げ遅れて捕らえられる中国兵も多く、日本軍は中国軍に戦意がないと見下していたのである。野田にとって、降伏の誘いにも応じず、日本軍に捕らわれまいと川に身を投げて命を落とした中国兵が現れたことは、戦慄を感じるほどの衝撃であった。裏を返せば、戦争が長く続くなかで、中国兵の間に戦意の昂揚《こうよう》など、戦争に対する意識の変化が行動を伴って現れてきたといえよう。

　第三師団以外の部隊についても見ていこう。五月五日、峯兵団は第三師団と同じく、石首から藕池口に進んだ後、南に進路を変え、安郷に向けて進撃した。同兵団は茅草街《ぼうそうがい》、官壋《かんとう》をへて、七日、桃水港まで進出した中畑部隊とともに安郷城内に立てこもる敵部隊を攻撃し、同地を占領する。このときの中国軍の抵抗が激しく、彼らは死にものぐるいで銃撃と砲撃を繰り返したため、兵団前方の草木が一切なくなっていたという（『峯兵団独立歩兵第九十一大隊史』）。

## 第二節「太平洋戦争期で最大の虐殺」はあったか

### 厰窖事件

石首から南県方面への進出を目指した小柴支隊は、次のような行動をとった。なお、荷花《かか》市は南県の南西部にある集落である。

> 南県進出を命ぜられた小柴支隊は、五月五日早朝、右翼に小柴連隊第二大隊、左翼に戸田連隊第三大隊を展開し、九都大河（河巾《かわはば》約八〇〇米、両岸堤防まで満水）を官家埠《かんかふ》附近で強行渡河した。渡河後、支隊は三岔河《さんさが》西岸の水流沿いに低湿地帯を南下し、梅田湖《ばいでんこ》を経て七日午後、荷花市付近に進出し花荷《ママ》市を力攻していたが、敵の砲、迫の射撃が猛烈で、一六時三十分頃《ママ》ころから攻撃前進は困難となった。（引用者略）

大隊長は、ついに強行突破を断念し、全力展開で対峙のまま、明八日の払暁攻撃を決意した。八日四時大隊は第十二中隊を左翼方面に投入して、大隊長自らこれを指揮し、折からの雨をついて南県に通ずる堤防に突入した。(『戦友会誌』)

その後、小柴支隊は戸田支隊の支援を受けながら抵抗する中国軍を撃退し、九日午後、南県を占領した(『第三師団衛生隊回顧録』)。このときの南県に入った衛生兵の布茂寿《ぬのしげとし》によると、町の中はこのような状況であったという。

「南県」は、水路を進撃した工兵隊によって攻略された。田舎ばかりに住んでいた我々の目には驚く程近代的な街で、広い街路は縦横に走り、洋館建の家がこわされてもせ《ママ》ずそびえている。図書館に入ってみると本もそのまま陳列されてあり、ただ抗日ビラが淋《さび》しくはためいていた。

支隊本部はホテルのような豪華な家に陣取って、二、三日待機していたが、或《あ》る朝第五中隊の命令受領だけを残して「安郷」に進発してしまった。私達は南県到着の翌日、患者護送のため「石首」まで行った第六中隊を待って、後から追及せよというのである。大きな家に三人だけぽつりと残された。私は荷物を片付けると、細川《ほそかわ》隊まで挨拶《あいさつ》に行

## 小柴・戸田支隊の第一期作戦経路

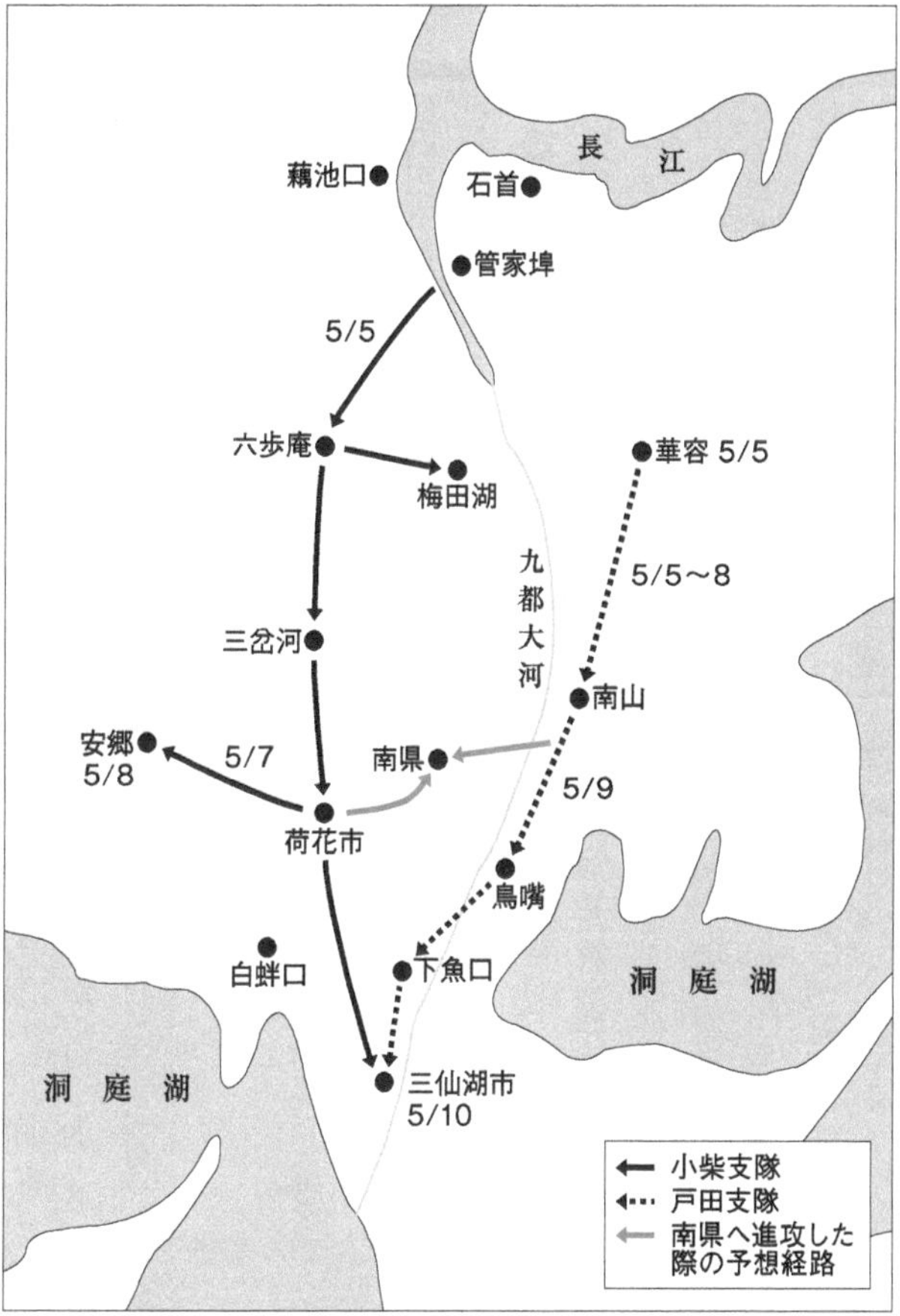


『戦友会誌』より改変作成

こうと木戸口まで出た。すると、維持会の旗をぶらさげた中国人の一団にぶつかった。本部が今朝発《た》ったことを知らない彼等は、進物用として生豚から鶏・卵などどっさりもってきたのである。（布茂寿「江南作戦」、『第四十師団歩兵第二百三十六聯隊第六中隊戦史』所収）

維持会とは、日本軍の中国占領地に成立した中国人による臨時的な政治組織をいう。布の目から見た南県は、戦乱のなかでも平穏を保っているかのようである。しかし、このとき南県では廠窖《しょうこう》事件（中国名は廠窖惨案）という出来事が起きていた。

ジャーナリストのたどころあきはるによると、廠窖事件は、「太平洋戦争期で最大の虐殺」（「日中の民間合同調査で明らかになった戦史の空白」、『週刊金曜日』第１０５４号所収）であるという。歴史学者の羅玉明《らぎょくめい》は、日中戦争中に湖南省で起きた数十件の日本軍による虐殺のうち、廠窖事件はその代表的一例であると述べている（『抗日戦争時期的湖南戦場』）。

戦後、廠窖には事件に関連する遺品などを展示する民間経営の記念館と、事件発生年を象徴する高さ一九・四三メートルの巨大なモニュメントが建てられた（『華南と華中の万人坑』）。二〇一八年には、日本の市民グループ「神戸・南京をむすぶ会」が廠窖を訪問し、事件の生存者にインタビューをするなど、現在でも調査が進められている（『日中戦争への旅』）。

一般的に、日中戦争での虐殺事件として知られているのは南京事件（南京大虐殺）であろう。これに比べ、廠窖事件は今日の日本では事実はもとより、その事件名すらほとんど耳にしない。廠窖事件とはいったい何なのか。一九八六年八月一四日付けで記念碑に刻まれた中国共産党南県委員会と南県人民政府連名の碑文には次のように記されている。

西暦一九四三年春、日本軍の一部が洞庭湖方面に侵略した。五月八日、突然三〇〇〇人余りの兵員と、艦艇数十隻、飛行機数十機を出動させ、あらゆる角度から廠窖を襲い、西は常徳まで進み、南は長沙まで迫った。九日から一二日にかけて、日本軍は殺し尽くす、焼き尽くす、奪い尽くすという三光作戦を行い、我が同胞三万人余りを殺害した。その内訳は、廠窖および近隣の住民およそ一万三〇〇〇人、ほかの地域からの避難民およそ一万二〇〇〇人、第七三軍将兵およそ五〇〇〇人である。また、焼失家屋約三〇〇〇戸、船舶約二五〇〇隻のほか、食料や家畜、衣類などの掠奪《りゃくだつ》は計り知れない。国内外を震撼《しんかん》させた廠窖惨案はこのようにして起きた。（「廠窖惨案遇難同胞紀年碑」、『南県文史』第二輯所収）

廠窖は、第三師団の直接の進攻先ではないが、一緒に戦っていた作戦部隊が引き起こした事件であるため、ここで検討を試みたい。

## 占領下の小さな集落

廠窖は、南県の南西部、藕池河《ぐうちが》支流沿いに位置する小さな集落である。南県は洞庭湖平原の西北側にあり、米穀の生産や河川を利用した漁業が盛んであったことから、別名、「魚米の郷」と言われた。

県内には、藕池河の三本の支流と、沱江《だこう》、淞澧洪道《しょうほうこうどう》の五つの河川が南北を流れ、その川と川の間に水路が網の目のように広がっている。それらを合わせた流域面積は、県全体のおよそ八〇パーセントにも及ぶ（『南県志』）。さらに、川の多くは橋が架かっておらず、対岸まではもっぱら小舟で渡らなければならなかった。もし、小さな川の水かさが減り、川底が見えていたとしても、地質が粘土質だったため、歩いて渡ろうとしても泥土に足を取られ、容易に前進できなかったのである（『昭和十七、八年の支那派遣軍』）。

前述のように、廠窖を含む南県は、江南作戦の第一期作戦で、第一一軍の攻撃対象のひとつとされ、九日に小柴支隊が占領した。

廠窖でいったい何が起きていたのか。生存者の証言を見ていこう。

### 廠窖の住民を次々と殺害——余海桃の証言

余海桃《よかいとう》は、廠窖事件当時、廠窖の作新郷中心小学に通う小学生であった。五月八日、突然、学校のチャイムが鳴り、全校児童が運動場に集められる。彼らの前に立った校長は、日本軍が廠窖の近くまで迫ってきているので、先生の先導でクラスメイトと一緒にすぐどこかに身を隠すよう告げる。余らは学校を離れ、隠れ場所を求めてさまよう。このときの体験を、余は次のように語っている。

廠窖の町のなかは、慌て逃げ惑う人以外、家々の入り口が閉じられ、野菜市場も誰一人いません。私が仲間とちょうど逃げ帰る準備をしていると、空襲警報が鳴り響いた。私たちはすぐ堤防の近くにあったそら豆畑のなかに倒れ込みました。耳をつんざく轟音《ごうおん》が遠くから近づいてくる。その瞬間、三機の敵機が低空でやってきて、天が崩れるような地響きをあげながら、川沿いに爆弾を落としたり、掃射をしたりして、南へ飛び去っていきました。私たちは起き上がって爆弾が落ちたところを見ると、船がめちゃくちゃに壊され、黒煙と炎が川の中流まで覆い尽くしていたのです。災難がやってきました。

（「斑斑血泪　一曲悲歌」、『南県文史』第二輯所収）

夕方、余が自宅に戻ると、日本軍が船で廠窖に近づいているという噂を耳にし、家族と一緒に照明を消した室内で息を潜めて夜を明かした。

九日早朝、再び廠窖の空に日本軍機が現れ、爆撃と掃射が始まる。昼頃になり、日本兵の集団が数十人の中国人を引き連れて余の家の水田に乱入した。彼らは水田の近くにあった建物に押し入り、室内を破壊し、火を放つ。それを見た男のひとりが興奮して暴れだすと、日本兵は躊躇《ちゅうちょ》なく彼を軍刀で刺し殺した。

一〇日午前、前日に続き日本兵が余家の水田に現れる。そして、余ら全員の上着を脱がせて、武器など危険な物を所持していないか強制的に検査をした。余らの上着は一ヶ所に集められて燃やされる。

一一日、日本軍による廠窖住民への暴行は激しさを増す。余は、親族の女性に連れられて逃げているときのことを、こう振り返った。


路上で七〇歳以上になる隣家の陳九娭《ちんきゆうき》と出くわしました。彼女は震えながら私にこう言ったのです。『三番目の弟が寝ていた家では、十数人が亡くなり、私の使用人とふたりの子どもも敵に殴り倒され、今生きているかどうかわからない。一番目の息子の嫁は自ら水の中に身を投げた。二番目の息子の嫁とその娘は、行方不明になった』。

私たちが、汀家洲《ていかしゅう》にたどりつくと、陳瑞蓮《ちんずいれん》が泣きながら、『使用人と弟が殺された。陳玉堂一家の七人中、六人が惨殺され、ひとりが重傷を負った』と訴えてきたのです。陳さんの義理の娘は、前方の山を指差し、『あそこでいちどに三〇人以上が殺された』と教えてくれました。（同右）

## 軍刀が首を貫通——劉雪和の証言

劉雪和《りゅうせつわ》は、日中戦争で故郷が戦火に巻き込まれたため、家族とともに逃げ出した。そして、仲間の徐中海《じょちゅうかい》とともに余海桃一家を頼り、余の水田に小作人として雇われる。劉が、廠窖事件で日本軍に遭遇したときのことだ。

一九四三年五月九日午前、私がちょうど水田で牛耕をしていると、突然、数機の日本軍機が飛んできて、上空を旋回したかと思うと、猛烈に掃射し、土手は一瞬で炎に包まれました。私は慌てて農具を片づけて建物の中に逃げたのでした。余さんは私と徐を心配して二日間休みをくれたので、避難することを決めます。私が徐を捜しに行くと、日本軍の機銃によって門がすでに壊されていたのでした。

私は水田に腰まで浸《つ》かり、畦道を隠れながら進むと、途中で徐と出くわします。私たちは小道を通って土手の交わるところまで向かいました。程なくして、敵が早くも土手の近くまでやってきたのです。そして、私たちはある男性と一緒に敵に捕らえられた。私たちはむりやり敵に地面に跪《ひざまず》かされると、上半身を裸にされ、何度も調べられたのです。まもなくして、私たちの拘束は解かれました。

私が黙って助けを求め祈っていると、突然、傍らで刀が一瞬光り、隣にいた男性が地面に倒れたのです。これを見た徐中海は、泣きながらこう訴えました。『私たちは兵隊ではありません。農民です。助けを求めているだけなのに、刀で刺されたら、痛くて地面をのたうち回るだけです』と。これを聞いた敵は、跪いていた徐を倒して胸を踏みつけ、刀で刺し続けたのです。

そして、私も左の背中を切りつけられ、地面に倒れ込みました。さらに、敵は続けざまに私の右肩甲骨の下辺りを刺してきたのです。敵は私が死んだふりをしていると思って、私の首の後を刀で突き刺してきました。その刃先は顎の下まで達したのでした。私は朦朧《もうろう》とする意識のなか、敵が私の頭を踏みつけて、刀を抜いていくのを感じ取ったのです。そこからはしばらく気を失ったままでした。

私は、切られた骨の痛みで目を覚ますと、空はすでに暗くなっていて、昼間に起きた出来事は、悪夢かのようです。手を伸ばして徐中海を触ると、彼の体はすでに氷のよう

に冷たくなっていたのでした。（「虎口余生両世人」、『南県文史』第二輯所収）

## 招き入れた日本軍に襲われる――劉菊甫の証言

劉菊甫《りゅうきくほ》は、廠窖北郊の東安河堤《とうあんかてい》の住人。五月九日、日本軍が廠窖を包囲すると、劉は家族全員で近くの永固垸《えいこかん》にある兄の家に避難した。翌日、日本軍機が永固垸の上空に現れたため、劉一家は、すぐに逃げる準備を始める。そのとき、劉はある若者が次のように叫んでいるのを耳にした。

みんな急いで逃げる必要はない。蕭《しょう》保長（保甲という行政単位の長――引用者注）が言うに、自分は日本軍とちゃんと話をつけてきたから、みんな家に戻って、日本軍がやってきたら爆竹を鳴らして迎え、保の無事を祝おう。（「九死一生話当日」、『南県文史』第二輯所収）

これを聞いた一部住民は、避難するのを止めて自宅に引き返す。しかし、劉は日本軍のことが信用できず、そのまま逃げる準備を続けたのである。

まもなくして、日本軍が永固垸を取り囲み、住宅に押し入って住民の虐殺を始めた。そして、劉のもとにも危険が及んだ。そのときのことを、彼は振り返っている。

またたくまに、兄の家が敵に包囲されました。私は歯をくいしばりながら外に飛び出しましたが、四人の敵が私を捕らえ、銃剣で刺そうとしてきます。私は慌てて右手で力いっぱい振りほどこうとしたところ、銃剣が私の服を破って腕に刺さったのです。さらに、敵は私の腹を目がけて刺そうとしてきたので、私は瞬時に両手で銃口を摑《つか》んで左側に体を返して、正面から銃剣で突かれるのを避けます。しかし、左側の腹を切られ、四寸ほど傷口が開いてしまいました。その後、私は敵に押されて、つまずき地面に倒れました。続けざまに、ある日本兵が私の胸を銃剣でひと突きし、私は仰《あおむ》向けに倒れて穴に落ちたのでした。しばらく血が流れ落ち、気を失って倒れた。(同右)

しばらくして、劉は意識を取り戻すと、ちりぢりに別れてしまった親族を捜し始める。日本兵が去ったその日の夜、劉は知人を介して、三番目と四番目の兄が殺され、父親と二番目の兄が重傷、彼らの家と家財道具もすべて無くなったことを知る。

ちなみに、永固垸の場合のように、廠窖事件で、攻め込んでくる日本軍を逆に迎え入れて安全を守ろうとした例は、これ以外にもある。

李長清《りちようせい》によると、廠窖近郊の龔家港《きようかこう》では、次のようなことが起きていた。

聞いたところによると、九日、日本軍が廠窖の町中に入ったとき、龔家港の保甲の有力者が、治安を守るため、保甲の五人に贈り物と、貼り薬を持たせて「皇軍」を出迎えに行かせた。五人が集落から出て少し進むと、たまたま数人の日本兵に出くわした。彼らはすぐに爆竹を鳴らし、日本兵にお辞儀をした。

しかし、「皇軍」は厚意を受けるどころか、前にいた三人を殺したのである。それを見た残りの二人は、驚いて逃げていった。沿道の住民は、この事を聞いて一斉に家から飛び出していった。（「血染龔家港」、『南県文史』第二輯所収）

住民の命を守るために、侵略者である日本軍を敢えて招き入れたという地域の有力者たちの判断は、結果として住民を危険にさらすこととなったのである。

## 柳の枝に吊るして惨殺——廖翠槐の証言

廖翠槐《りようすいかい》は、当時、余海桃と同じく廠窖に住む少年で、在宅中に廠窖事件に巻き込まれた。廖の回想を見よう。

五月九日、日本軍が作新郷を占領して廠窖に進駐してきました。父親がどう逃げてよいか決断できずにいたため、私たち一家は避難できませんでした。一〇日、朝食を食べ終わったところ、家の向かいにいた日本兵が住民を外に呼び出して跪かせていて、私と兄、そして隣家の管維保《かんいほ》も捕まったのでした。

私たちが上半身を裸にされて検査をされると、彼らに駐屯していた農場まで連行され、壁を背にして立たされました。そこに、日本兵が数十人やってきて、そのなかのある集団が、棍棒《こんぼう》で私たちを激しく叩《たた》き、ほかの日本兵も私たちを取り囲んだのです。兄と管維保は、怖がって動けず、何回も叩かれるのをただ耐えていた。私はそもそも間違ったことが嫌いで、棍棒で叩かれそうになると、最初は手で防ぎ、その後は痛みに耐えながら避けました。（「被俘一日」、『南県文史』第二輯所収）

その後、廖ら三人は、日本兵の隙を見て農場から逃げ出す。そのときに彼らが見たのは、凄《すさ》まじい光景であった。

敵は狂った野獣のように、沿道の家屋を焼き払い、良いものがあるとそれを奪い、女性がいると襲い、男性がいると捕まえたのです。彼らが一五キロメートルも行かない間に、捕らえられた住民は七、八〇人に上りました。楊伯輝《ようはくき》の家の裏を流れる川で、敵が捕まえてきた人の首に蔦《つた》を巻きつけて柳の枝に吊《つ》るし、まずひとりひとりの胸に刀を刺し、その後、機銃を乱射しました。私は自分と同じ中国人が殺されるのを見るのが忍び難く、振り返るのが辛《つら》かったです。

その日の夕方、私が廠窖に戻ると、町全体が焦土と化していた。まもなくして、楊の家の裏から救出された童善林《どうぜんりん》と湯関保《とうかんほ》によると、ここで何人も殺害され、生き残ったのは、自分たち二人と、町の外から廠窖に逃げ込んできた避難民の三人だけであった。敵の機銃掃射を受けた数人は、体が蜂の巣のようになっていました。（同右）

## 本当に三万人も殺害されたのか

廠窖惨案遇難同胞紀念館のまとめによると、廠窖事件での日本兵の廠窖住民に対する暴行の方法は、前述の証言にあった機銃掃射や、軍刀で傷つける以外に、次のとおりであった。①斬首《ざんしゅ》、②眼球をえぐり取る、③舌、手足、耳などを切断する、④皮膚をはぐ、⑤腹を割く、⑥内臓を取り出す、⑦熱湯を浴びせる、⑧水の中に沈める、⑨自殺を強要する（「日軍惨殺我同胞手段種種」、『南県文史』第二輯所収）。

また、厰窖事件では、日本兵の女性住民への暴行も凄惨《せいさん》を極める。同紀念館によると、厰窖事件で、日本軍は一三歳から八〇歳以上になる女性を次々と強姦《ごうかん》した。そのなかには妊婦や尼僧もいたのだ。そして、事件全体では、日本兵に強姦された女性は二〇〇〇人余りで、そのうち、九〇人以上が輪姦されたうえで死亡、二〇〇人以上が被害を受けたあと殺害されたという。

ある女性は、日本兵に輪姦されたあと、陰部に酒瓶を詰められ、そこからの出血がもとで命を落とした。臨月の妊婦は腹を切り裂かれ、胎児が取り出される。さらに、日本兵に裸にされ侮辱を受けたうえに、乳房を切り取られた女性もいたという(「姐妹同胞惨遭蹂躪」、『南県文史』第二輯所収)。

これら人的被害以外に、日本軍は厰窖周辺で物資の略奪も行う。中国側の統計によると、四七軒の住宅から、豚五〇頭、牛五頭、鶏二二九羽、卵約四七キログラム、食料約七〇〇〇キログラム、衣類一五〇〇着以上が奪われた(「〝厰窖惨案〟局部統計」、『南県文史』第二輯所収)。

先ほどの生存者の証言と、厰窖惨案遇難同胞紀念館のまとめを踏まえて、厰窖事件の被害状況を整理してみよう。

生存者の証言を分析すると、まず五月初め頃から南県には、周辺地域から戦火から逃れるため、避難民が続々と集まってきていた。そして、日本軍が南県に迫ると、五月七日から九日にかけて、廠窖上空に日本軍機が現れる。同機は低空を飛んで偵察飛行をしたり、川に浮かぶ船や土手を爆撃したりして、住民を威嚇。身の危険を感じた彼らは、屋外に逃げたり、家の入り口を閉じて室内に避難した。

九日午後、日本軍が廠窖に入る。彼らは住民を捕まえて、強制的に服を脱がせて上半身を裸にし、武器などを所持していないか検査をした。このとき、日本兵に抵抗した住民は軍刀で刺されて深い傷を負い、酷《ひど》い場合は死に至ったのだ。

一〇日以降、日本兵の廠窖住民に対する暴行は激しさを増し、数十人の住民があちらこちらで殺害された。

しかし、取り上げた生存者のうち、多くの死体を目にしたのは廖だけで、彼らが実際に数十人殺害されている現場に遭遇はしていない。また、殺害方法についても、生存者のなかで、廖は日本兵が柳の枝に中国人を吊るして殺害する場面を目撃したが、廠窖惨案同胞紀念館が述べた凄惨な方法での殺害を見た者はいなかった。強姦についても、余や廖によると、女性が襲われたり、自ら命を絶つことがあったというが、これも紀念館の主張を裏付けるものではない。

そして、中国側が主張する廠窖事件の中国兵を含む三万人という殺害者数も、仮にそれだけの人数が三、四日で殺害されたとしたら、生存者はもっと多くの殺害現場や死体を目撃してもいいのではないか。

このように、生存者の証言と廠窖事件の記念碑の碑文や紀念館の主張する内容とを比較すると、廠窖住民が日本兵から暴行を受けていたことは間違いないが、被害状況や殺害者数については、いまいちど検討を要する。

それでは、日本側の資料から廠窖事件の真相に迫ってみよう。針谷支隊所属の歩兵第二一六聯隊第三大隊の戦闘詳報（「歩兵第二百十六聯隊第三大隊　江南殲滅作戦戦闘詳報」）によると、五月八日から九日にかけて小柴支隊と戸田支隊が南県に接近していく様子が綴《つづ》られている。

華容・南山・南県・安郷周辺に堅固なる陣地を構築防備しありし敵七三軍の第一五師、暫編第五師及四四軍の一六一師及前記地区の陣地構築に任じありし独立工兵第五団は夫々《それぞれ》戸田支隊、小柴支隊及独立混成第十七旅団に包囲殲滅せられ散《ママ》を乱して陸路或《あるい》は九都大河、太平運河等を民船に依《よ》り西南方に敗走す。

五月八日一〇三〇小柴支隊は敗走する敵（第十五師と暫編第五師）を撃破しつつその先頭を浪抜湖《ろうばつこ》（南県西北約八粁《キロ》）に、戸田支隊は南山方面より西南方に敗走する敵大部隊（暫編第五師主力及第十五師）を急追しつつ鳥嘴を経て九都大河両岸より南下し五月九

日一七〇〇概《おおむ》ね天成垸《てんせいかん》、天宝垸《てんぽうかん》（三仙湖市《さんせんこし》東北方約七粁）の線に進出す。（同右）

しかし、この戦闘詳報には、占領された南県の様子や、廠窖事件で住民が殺害されたことをうかがわせるような記述はない。戦闘詳報とは、戦場にあった各隊が、上級の司令部にその日の戦闘状況を報告するためにまとめられた公文書のひとつである。そのため、戦闘の事実をありのままに記すことが求められた。だが、稀《まれ》に部隊にとって都合よく内容が書き換えられたり、不利と思われる部分が削除されたりしたのである（『帝国軍人』）。よって、戦闘詳報に書かれていないから廠窖事件がなかったとは言い切れない。

第一期作戦終了後の五月一三日までに、第一一軍は中国軍との戦闘の末に、遺棄死体一万三〇六七人、捕虜一二八四人などの戦果を挙げた（『昭和十七、八年の支那派遣軍』）。しかし、これら遺体がすべて中国軍将兵だけなのか、廠窖の住民や避難民も含まれていたのかは判然としない。さらに、三万人という廠窖事件の死者数とも整合性が取れない。

現時点で日本軍の資料で廠窖事件の死者数を確定することは難しい。今後、新たな資料の発見と検討が俟《ま》たれる。

## 江南作戦は一方的な勝利となった

再び、第三師団に着目して江南作戦の展開をたどろう。五月九日、第一期作戦終了の目途がつくと、第一一軍司令部は、第三師団など作戦部隊に対し、第二期作戦の具体的計画を伝えるとともに、開始に向けて準備に入るよう命じた。第三師団に与えられた作戦計画は、一二日夜より進軍を開始し、桃水港方面から東北方の水郷地帯を抜けて、新河市《しんかし》と公安付近にいる中国軍を殲滅するというものである（同右）。師団の進む先には、第八七軍第一一師が陣地に立てこもっていた（『中国抗日戦争正面戦場作戦記　下』）。

第三師団は、予定どおりに兵を起こし、第一一師の陣地を突破、翌一三日夜、孟渓寺《もうけいじ》と杉木鋪《さんぼくほ》を落として第八七軍第一一八師を包囲殲滅した。続いて、第三師団は第一三師団と野溝支隊の支援を受けながら、一四日に公安、一六日に新河市、一八日に松滋を相次いで占領し、一九日、松滋南西方の茶元寺まで進む（『騎兵第三聯隊史』）。

日本軍の速い進撃に、軍事委員会は彼らがその先の常徳にまで進攻の矛先を向けることを懸念する。そのため、江南作戦を戦っていた第七四軍と第七九軍を戦線から離脱させて常徳防衛に当たらせた。これにより、江南作戦はさらに日本軍が優勢となったのである（『中国抗日戦争正面戦場作戦記　下』）。

一九日、第一一軍司令部は作戦部隊に対し、第三期作戦の計画を指示した。これにより、第三師団は二一日から茶元寺より攻撃を開始し、抵抗する中国軍を撃破しながら、聶家河から長陽《ちょうよう》方面へ進むこととなる（『昭和十七、八年の支那派遣軍』）。

二一日、第三師団は早くも聶家河を攻略。勢いそのままに北上し、第一〇集団軍部隊と遭遇した。しかし、すでに同軍はこれまでの戦いで戦力を失っており、すぐに四散してしまう（『中国抗日戦争正面戦場作戦記　下』）。二四日夜、簗瀬部隊が長江に注ぐ清江《せいこう》を渡河、長陽に一番乗りし占領。第三師団は、さらに北に向けて進路を向ける。

長陽の北東部には牽牛嶺《けんぎゅうれい》と呼ばれる険しい山岳地帯が広がっていた。第三師団は逃亡する中国軍を追撃しながら牽牛嶺に分け入る。二八日、中畑部隊第三大隊は山間部にある曹家畈《そうかはん》南方の高地に進出した。敵は段々畑を利用して何重にも陣地を構築し守りを固めていたのである。中畑部隊は、二九日夜明けを期して敵陣地への奇襲を敢行する。このときの戦いを、同大隊第一一中隊の野田指揮班長が振り返る。

あの曹家畈の戦斗は、われわれ中隊では大急斜坂の死斗と称している。攻撃の初期、隠密行動のため、射撃ができなく敵の銃火に悩《ママ》され歯をくいしばって匍匐前進を続けた。眼前で敵の重火器が火を吹き、その熱風が顔に吹きつけ、まるで生き地獄だ。下田《しもだ》中隊長は遂に中隊の射撃を許可し、我々も手榴弾を投擲して寸尺刻みに段々畑を登った。敵は「日本兵が来た来た来た」と大声でわめきちらしていた。天佑《てんゆう》というのか、天明とともに、わが中隊の前面は朝もやがかかり、わが行動を秘匿するのに便であった。各小隊は地隙《ちげき》を利用してひた押しに敵陣に肉迫する。敵の狼狽《ろうばい》する姿が目の当りに見え、私たちは思わず「ワァー」と喊声をあげて、敵陣に突入した。わが猛攻に敵は浮き足たち、友を呼びあい壕《ごう》から逃げ出す。チャンス到来、中隊長の「突っ込め」の号令「ワァワァ」と突進に突進を重ね牽牛嶺の頂上目がけて息をはずませ突入する。（「曹家畈附近の殲滅戦（第十一中隊）」、『歩兵第六聯隊歴史・追録』所収）

一方、第三期作戦が進んでいる間に、第一一軍は江南作戦の表向きの目的である宜昌付近からの船舶の下航に着手し、二八日までに宜昌沿岸に停泊していた五三隻、計約一万六〇〇〇トンの船舶を武漢まで航行させた。船舶の下航および三期に及ぶ作戦で江南地区の中国軍に大きなダメージを与えることができたため、横山第一一軍司令官は二九日、全作戦部隊に対し、作戦の終了と原駐地への帰還を命じたのであった（『中国国民党軍簡史　中』）。

日本軍の調査によると、江南作戦で第一一軍は死者七七一人、戦傷者二七四六人を出した。これに対し、中国軍は死者が三万七六六人に上り、捕虜となった将兵も四二七九人に及んだ。これまで見てきた戦いの様子や、死者数から比較しても、江南作戦は日本軍の一方的な勝利に終わったといえよう。

なぜ、中国軍は敗れたのか。その原因を軍事研究家の曹剣浪《そうけんろう》は次のように分析した。すなわち、戦いで中国軍は日本軍より多くの兵力を有していたにも拘らず、日本軍が猛烈な勢いで攻めてくると、敵前逃亡したり、高みの見物を決め込んだりする将兵が多数に上った。そして、日本軍は作戦が進むたびに戦力を逐次投入していたが、中国軍は部隊の配置を変えるだけで、日本軍の戦術に対応しきれずに終わる。総じて中国軍は戦いに対する積極性と前向きな姿勢に欠けていたのであった（同右）。

このほかにも、作戦中に第六戦区の軍司令官が孫連仲から陳誠に交代し、指揮系統に変化が生まれたこと、作戦地域に絶対に死守しなければならない重要拠点がなかったこと、同地域を防衛する明確な意義を示していなかったことも、中国軍将兵の作戦に対する積極性を欠く原因になったのではないかと推察される。

江南作戦の勝利で勢いを増した支那派遣軍は、五号作戦の実現に向け、湖南省西部の主要都市、常徳の攻略を目指した。

# 第四章　毒ガス戦の前線——常徳殲滅作戦

## 常徳殲滅作戦（1943.11−12）

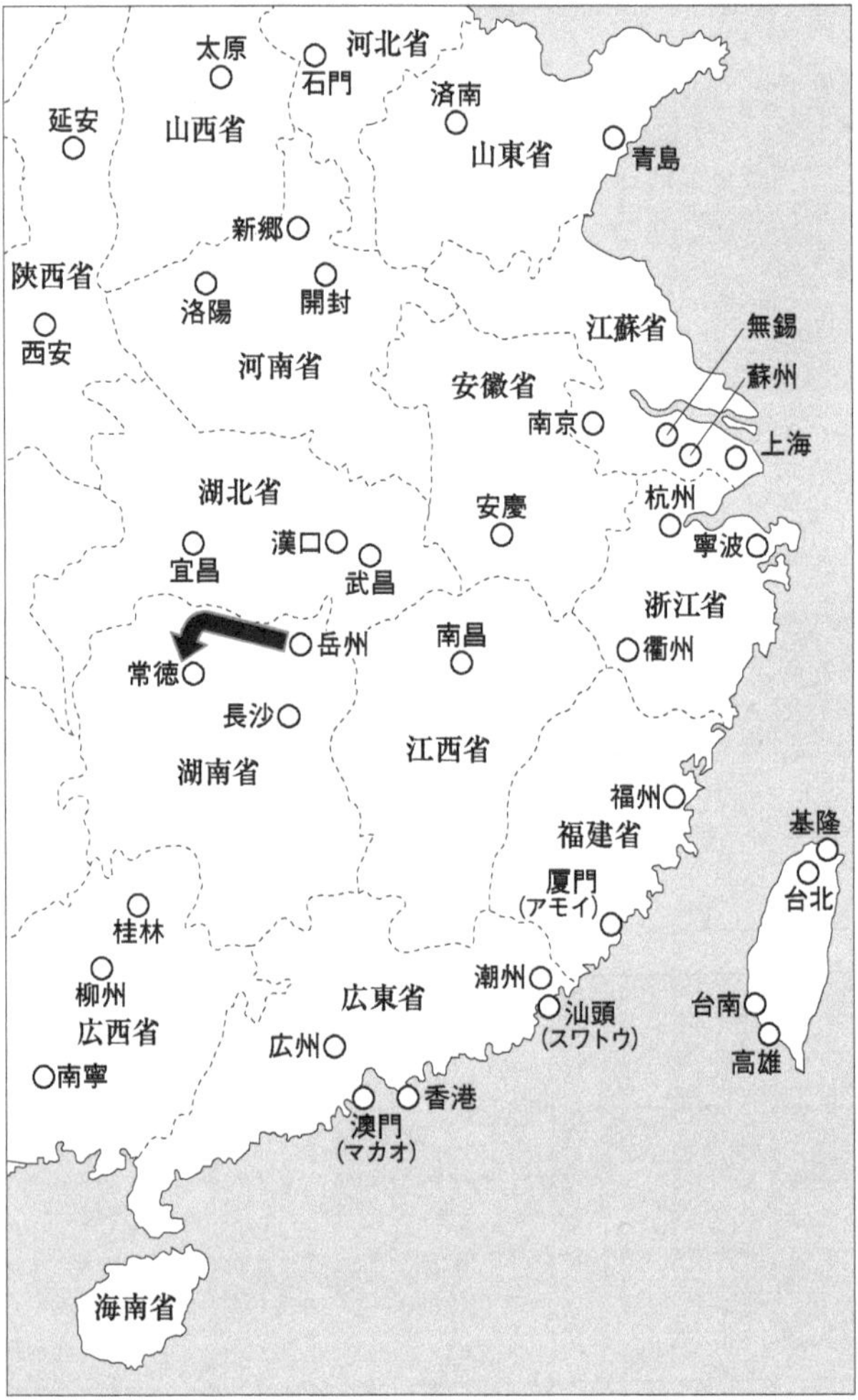

## 第一節　明確な戦略なき作戦

### アメリカに圧倒される太平洋戦線

一九四三年六月、第一一軍は、五号作戦の決行を期して戦った江南作戦を終える。主力として活躍した第三師団の各部隊も駐屯地に戻って次の戦いに備えた。

八月、太平洋戦争以前の一九三九年から第三師団で転戦していた兵が、四年間の軍務を終えて帰国を迎える。第三師団衛生隊担架第一中隊の鵜飼由郎もそのひとりで、仲間とともに上海呉淞港から帰還船に乗った。

だが、出港したのもつかの間、彼らの船は東シナ海まで出たところで台風に襲われてしまうのだ。船底まで見えるほどの大きな横波を受け、鵜飼は「とても生気や気力もあったものでなく、食べ物は喉《のど》を通らず、タバコを十本位一度に吸って気持ちの悪くなったようにメロメロです。そこへ対潜監視の交代も廻《まわ》ってきます。監視所へ上っても目が廻り、とても監視どころではありません」（「帰還を顧みて」、『第三師団衛生隊回顧録』所収）。

当時、太平洋戦線はすでに戦力や物量の点でアメリカが日本を圧倒し、前線の日本軍部隊が米軍によって全滅させられる事態が起き始める。さらに、米軍潜水艦が日本列島近海にまで現れるようになり、南方から戻ってくる輸送船が次々と沈められていったのだ。鵜飼の乗った船も、台風の大波に煽《あお》られながら、潜水艦の標的にならないよう細心の注意を払って航行していったのである。

このような戦況のなか、大本営はなおも五号作戦の実現を求める支那派遣軍総司令部の意見を取り下げ、本年下半期も引き続き、中国戦線では敵空軍基地の破壊、占領地の安定、兵力の集結と訓練を行うよう命じる。これを受け、支那派遣軍総司令部は、八月二八日、「昭和十八年度秋季以降支那派遣軍作戦指導の大綱」を策定し、下半期の同軍の作戦方針をまとめた。そのなかで計画されたのが、常徳殲滅《せんめつ》作戦（以下、常徳作戦）だ。

常徳は、湖南省北部、廠窖事件のあった南県の南西約七五キロメートル付近に位置する。同地は、湖南省中西部の主要都市のひとつで、湖南省と湖北省、四川省、貴州省を結ぶルート上にあった。そのため、ここを押さえればそれぞれの省との繋《つな》がりを断つことができたので、古くより同地は「四塞《しさい》之国」と呼ばれた（『常徳県誌』）。

## やむをえず認めた作戦

前述のような地理的関係にあったことから、湖南省から国民政府の陪都である重慶に向かうには、必ず常徳を通らなければならず、日中両軍にとってこの地は戦略的にきわめて重要な場所であった。よって、常徳は前線から離れていたにも拘《かかわ》らず、太平洋戦争以前から日本軍の攻撃にさらされていたのである。

特に、太平洋戦争直前の一九四一年一一月四日の日本軍機による空襲では、浙江省の場合と同じく、ペスト菌に汚染された蚤《のみ》が穀物と一緒に常徳上空から散布された。

常徳の細菌戦の被害を現地調査や資料をもとに詳細に検討した文化人類学者の聶莉莉《じょうりり》によると、このとき撒《ま》かれたペスト菌によって病死した人数は、現在把握されているだけで合計三三四人に上っている（『中国民衆の戦争記憶』）。

大綱によると、常徳作戦の目的は、「常徳付近に進攻し、敵中央軍を求めて撃滅するとともに第六戦区軍の根拠を覆滅し、もって敵継戦企図の衰亡を図るとともに、派遣軍兵力減少後における任務達成を容易ならしめ、あわせて雲南方面に転用を予測される重慶可動兵力を牽制《けんせい》して南方軍の作戦に策応するにある」（『昭和十七、八年の支那派遣軍』）と定められていた。「雲南方面に転用を予測される重慶可動兵力」とは、中緬《ちゅうめん》（緬はビルマ〔現ミャンマー〕のこと）国境で展開していた中国遠征軍をいう。

前述のとおり、支那派遣軍総司令部は、五号作戦中止決定後も、将来の再開を想定し、重慶方面に向けて戦線を拡げた。江南作戦がその端緒のひとつであり、さらに常徳を攻略することで、五号作戦の実現により一歩近づこうとした。

大本営は、支那派遣軍が大綱を提出すると、これを認可し、常徳作戦の実施が決まった。しかし、五号作戦の中止を決めた大本営は、中国戦線の拡大につながる常徳作戦を行うことには前向きでなかったはずである。なぜ、大本営はこれを認めたのか。当時、畑総司令官の指示を受けて、大本営側との折衝にあたった、支那派遣軍総司令部作戦課長の天野《あまの》正一《まさかず》大佐は、後に次のように述べた。

当時、派遣軍は戦争全局の要請からほとんどすべての進攻作戦を認可されなかったので、中央としても「せめて常徳に対する進攻作戦のひとつぐらいは認めなければ志気《ママ》にも悪影響を及ぼそう。それには敵のビルマ反攻の牽制という大義名分があるからよろしかろう」という程度の考慮であったものと記憶する。(『昭和十七、八年の支那派遣軍』)

すなわち、大本営は、明確な戦略に基づいて常徳作戦を積極的に認めたのでなく、支那派遣軍の士気を維持するために、やむを得ずこれを実行させたのだ。

なお、大綱では、常徳作戦のほかに、「京漢《けいかん》打通作戦」と称して、京漢線(北京—漢口)を押さえ、華北から長江中流域までの連絡ルートを確保する計画も立てられていた。これは、翌一九四四年の一号作戦(大陸打通作戦)で実行される(詳細は第五章)。

## 日中両軍の戦力状況

九月二八日、支那派遣軍総司令部は、常徳作戦の作戦要領を示した。それによると、作戦は約三五個大隊を基幹とする第一一軍を主力にし、常徳方面に集結している敵を撃滅する。次に、中国軍のビルマ反攻の状況を見ながら、敵部隊を掃討して原駐地に帰還するという計画であった。作戦名称は「よ」号作戦と名づけられた。

それからまもなくして、支那派遣軍による常徳作戦の作戦計画が決定された（同右）。作戦参加部隊はおよそ次のとおりである。なお、第三師団のみ、聯隊《れんたい》まで示す。

第一一軍（軍司令官横山中将）——第三師団（師団長山本中将。歩兵第六聯隊〔中畑部隊〕、歩兵第三四聯隊〔簗瀬部隊〕、歩兵第六八聯隊〔橋本部隊〕、野砲兵第三聯隊〔村川部隊〕、工兵第三聯隊、輜重《しちょう》兵第三聯隊）。第一三師団、第三九師団、第六八師団、第一一六師団など（支隊は省略）、総兵力約一〇万人。

軍主力の作戦開始は一一月二日とし、長江中流域の湖北省石首から荊州《けいしゅう》にかけて配備された作戦部隊が、常徳を取り囲むように進む。作戦期間は三つに分かれる。はじめに、常徳前の湖南省王家廠《おうかしょう》と安郷付近に広がる敵部隊を倒す。次に、常徳の攻略とその周辺で抵抗する敵部隊を撃滅する。そして、作戦目的が達成されれば、ふたたび原駐地に退く。

この作戦計画のなかで、第三師団はどのような動きをとるのか。第一一軍主力の第三師団は、荊州の南にある江陵《こうりょう》（郝穴《かくけつ》）から進撃を開始し、長江を渡河後、湖北省公安をへて、王家廠の敵部隊を攻撃する。その後、洞庭湖に流れ込む澧水《ほうすい》を渡って南に進み、桃源《とうげん》（漳江《しょうこう》）から沅江《げんこう》（沅水《げんすい》）を渡河して、常徳の南側の敵部隊を撃滅する。

中国側の守備態勢はどうなっていたか。常徳を防衛していたのは、江南作戦のときと同じ第六戦区である。同戦区は、このとき第三三集団軍、第二六集団軍、江防軍、第一〇集団軍、第二九集団軍の計一二個軍三二個師、総兵力約二〇万人を擁し、洞庭湖北側の湖北、湖南両省境付近を中心に守備を張っていた。このほか、第九戦区から四個軍一個暫編師が戦列に加わった（『中国国民党軍簡史 中』）。

しかし、日本軍の戦線拡大で防衛線がおよそ二七〇キロメートルにまで延びていたうえ、江南作戦で損なった戦力が回復できていなかったため、敗北は必至であった。

このような戦況のもと、第六戦区は軍事委員会の指示に基づき、第九戦区の援護を受けながら、日本軍の攻撃に対して陣地戦で抵抗する。特に、日本軍の進攻が予想された澧水と沅江の両岸に主力部隊を配置し、徹底的に反撃を加えることで、敵を殲滅することを決めた（『中国抗日戦争正面戦場作戦記 下』）。奇《く》しくも、第三師団は第六戦区主力と相まみえることになったのである。

## 常徳殲滅作戦概要図

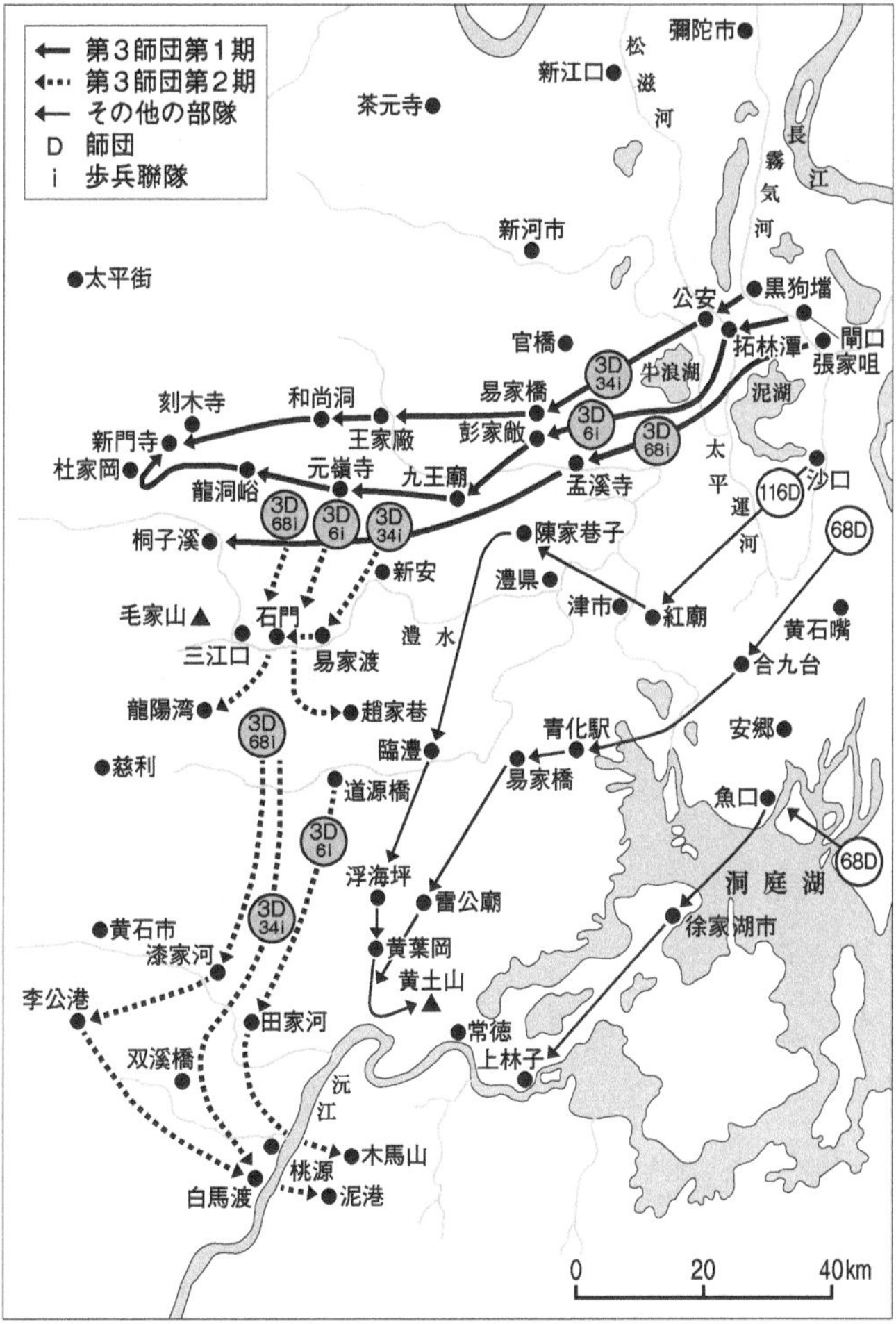


『第三師団通信隊誌』より改変作成

## 第二節　第六戦区主力との戦い

### **初年兵が体験した戦場の現実**

ここからは、第三師団を中心に常徳作戦の展開をたどる。一〇月末、第三師団の作戦部隊は、予定どおり江陵付近に集結。一斉に長江を渡り、対岸の霧気河《むきが》の線まで進み、戦闘開始の合図を待った。

一一月二日、北から簗瀬部隊、中畑部隊、橋本部隊が並んで、一路西の王家廠付近に向かって進撃を始めた。第三師団通信隊分隊長として橋本部隊に配属された桜田兼吉は次のように述べている。

> 戦闘は洞庭湖北辺地区から開始された。師団は新河市西方の山中に入った。六八聯隊は新河市から西方に敵を急追した。この辺りは稲作地帯で収穫期の田圃《たんぼ》に水は無かったが、山峡の畦《あぜ》道は細く、しかもいたる処に地雷が敷設され、米軍機の来襲もしばしばあり、夜行軍が主となった。（「六八配属となり」、『第三師団通信隊誌』所収）

この間、簗瀬部隊は王家廠を突破し、第一期作戦を完了させた。そして、澧水を越えて桃源方面へ進撃する第二期作戦のため、中畑部隊とともに南に進路を変える。

作戦部隊左翼の橋本部隊は、太平運河と澧水支流を越えて、王家廠南の新安《しんあん》から澧水左岸の石門《せきもん》に進んだ。石門は第六戦区第七三軍の一個師が固く守備していた。前述の桜田はいう。

この附近は水田と小山が入りくんだ起伏の多い地帯で地雷も多かった。行軍中これの炸裂《さくれつ》音や砂塵《さじん》の噴きあげるのをよく見た。地雷は弁当箱ほどの大きさで拠点や堡塁《ほうるい》に通ずる道、通り易い地点などに敷設されていた。聯隊はこうした地雷を嗅《か》ぎわけ排除しながら前進を続けた。

澧水左岸の山に囲まれた石門での戦闘は激しく、私達は前線の進展を待ち、真暗な夜の山中で柴草《しばくさ》に這《は》い、息を殺していると突撃の喊声がしきりに聞えてきた。山から山へ、夜から昼へと激戦が続き、遂に聯隊は石門を奪取した。（同右）

第二期作戦の初戦果となった第三師団の石門占領は一一月一四日で、橋本、簗瀬、中畑の三部隊が協同して攻略した。作戦開始から石門占領までのおよそ一二日間、第三師団は、米軍機の襲撃や地雷を避けながら、夜間を狙って足場の悪い畦道や泥濘《ぬかるみ》の上を歩き続けたのだ。

この行軍は、まだ戦場経験が浅く、体力もついていない初年兵にとっては、想像を絶する過酷さであった。

第三師団の輜重隊に初年兵として配属された野毛芬（「赤痢と闘いつつ」、同右）は、「初年兵の初陣は、新しい経験と辛苦の連続であった。少しオーバーな表現かも知れないが、死んだほうがどんなに楽かと思ったことが一再ならずあった。しかし、その都度分隊長や分隊の人に励まされたり、故郷の両親等のことを思って千辛万苦に耐えて一日一日と戦場の空気にも馴《な》れていった」と、常徳作戦に臨んだときの体験を振り返っている。

だが、その野毛を待ち構えていたのは、彼の予想を遥《はる》かに超える戦場の厳しさであった。

> 連日の行軍で疲労は極度に達した。作戦半ばからは敵機の空襲を避けて夜行軍が多くなった。畦道や山道を滑ったり転んだり、また激しい睡魔におそわれ眠りながらの行軍で、前の者を見失い道を間違えたり、馬の尻《しり》に顔をぶつけて目を覚ますこともたびたびであった。
>
> 私はこの作戦中途で行軍間に喉の喝《ママ》きに耐えきれず、田圃のたまり水などを飲んだことから、アメーバー赤痢に罹《かか》ってしまった。健康な体でも疲労消耗の激しい行動に、血便まじりの下痢をしながら蹤《つ》いていくのは苦痛の極みであった。加えて初年兵のため、

行軍中も宿営中も十分な休息がとれず、衰弱は益々深まるばかり、もう駄目だと思い、皆の寝静まった深夜、私は密《ひそ》かに小銃を喉に当てたこともあった。（「赤痢と闘いつつ」、同右）

結局、野毛は野戦病院に入院するよう勧める軍医のことばを退け、分隊と行動をともにし、徐々に体調を回復させていった。

桜井幸男は、野毛と同じく、常徳作戦が第三師団の兵として初めての戦場であった。彼は連日の雨のなか、戦いで深くえぐられた道を装備の重さに耐えながら進んだ。

そして、その先に桜井が見た光景は、戦場の現実を映し出していた。

付近の現地住民は逃げ遅れたのか、あるいは雨水で逃げ場がなかったのか、老人、女、子供が散在する集落前の池やクリークの中に入って首まで漬かっている。彼等は私たちを見ると泣きながら、私たちを目で追っている。「あれは住民の知恵で、池やクリークの中に座って首だけ出し、いかにも深そうに見せているだけだ」とのことだ。（「戦場へ」、同右）

ひとつの油断で命を落としかねない危険な戦場で、兵たちはお互いを励まし合い、また故郷の肉親を思いながら戦い続けた。しかし、そのような人間らしい素朴な気持ちを持つ兵であっても、戦場で命の危機にさらされている住民には冷淡になっていたのだ。このように兵の心を一瞬で変えてしまうのも、また戦場の現実である。

## 阿南惟幾次男、戦死す

石門を占領した第三師団の作戦部隊は、「滅蔣屈敵《めつしょうくってき》」（『歩兵第六聯隊歴史』）を合言葉に灃水以南に逃れた第七三軍を追撃し、彼らを潰滅《かいめつ》に追いやる。この戦いで、暫編第五師長の彭《ほう》士亮《しりょう》が戦死し、第七三軍長の汪之斌《おうしひん》は、敗北の責任を取って、その職を逐《お》われた（『中国抗日戦争正面戦場作戦記　下』）。

さらに、彼らは陣地戦を挑む中国軍と戦いながら進撃し、二一日、中畑部隊が桃源に入り、これを占領した。桃源は、この世の理想郷という意味の桃源郷ということばのもととなった場所だ。

その故事が示すとおり、桃源に向かう沿道には、収穫間近のみかんなど果物がたわわに実っていて、「甘味に飢えた兵隊は下痢するほど貪《むさぼ》り食った。行軍する馬の背にも兵隊の雑嚢《ざつのう》にも蜜柑《みかん》がいっぱい詰められた。部隊の進んだ後の道には、黄色い蜜柑の皮が帯のように連なっていた」(橋本佐市「みかんの山」、『第三師団通信隊誌』所収)。このつかの間の休息は、彼らにとって、常徳の決戦を前にした唯一の癒《い》やしの時間となった。

中畑部隊が桃源に向かっていた頃、橋本部隊も南下を続け、沅江支流の畔《ほとり》にある漆家河《しっかが》に到着した。ここで、同隊は第九戦区から救援に駆けつけた第一〇〇軍第一九師と衝突する。

橋本部隊と行動をともにしていた村川部隊は、ただちに道路東側の陣地を占領し、山砲六門で、前方の漆家河集落の敵陣地に向けて砲撃を開始した。

この村川部隊では、第二次長沙作戦と浙贛作戦で第一一軍司令官を務めた阿南惟幾の次男惟晟《これあきら》が小隊長を務めていた。阿南は漆家河の前線で、砲撃目標までの距離を測る。このとき、彼は近づいてきた敵に襲われたのである。その詳細を、同隊軍医の藤本正典《ふじもとまさのり》が書き残している。

敵は阿南少尉の占領しておる観測地点の目の前まで接近し、手榴弾《しゅりゅうだん》の届く所まで進出してきた。彼我共手榴弾の投げ合いになった。阿南少尉は身を乗り出して軽機を撃ちまくったが、不運にも敵の手榴弾の破片が阿南少尉の左胸部を貫ぬいた。(「若獅子無念！阿南少尉常徳に散る」、『野砲兵第三聯隊史』所収)

戦場における惟晟の勇猛さは、まさに父惟幾譲りであったといえよう。

藤本は、阿南が倒れたとの知らせを受けて、敵弾の飛び交うなか、決死の覚悟で阿南のもとに駆けつけた。

阿南少尉は胸部心臓をはづれた箇所に命中し、出血は湧出している。ガーゼタンポンをぐいぐいと押入れたが、出血はとても防ぎきれなかった。

脈拍は触れず、顔面チアノーゼ（血中の酸素が不足し、皮膚や粘膜が青紫色になること――引用者注）、呼吸は浅深不整、とても助かるものでないことを一目で了解したが、カンフェナール（強心剤の一種――引用者注）を二筒注射してすぐ後方にさげるよう矢野第九中隊長に伝えた。「済みません…。母に…、母に…」の一言を残して若い蕾《つぼみ》は花を開かずに落ちていった。（同右）

阿南惟幾は、日頃から子煩悩なことで知られていた。特に長男を早くに亡くしたことから、次男の惟晟をことのほかかわいがったという。惟晟が亡くなったとき、阿南は第二方面軍司令官として、司令部のあったフィリピンのマニラにいた。

惟晟死亡三日後の二三日、次男の訃報《ふほう》を聞いた阿南は、その日の日記に次のように綴《つづ》り、軍司令官としてのこれまでの自身の戦歴を踏まえつつ、その死を悼んだ。

惟晟、漆家河付近の宿敵一〇〇A捕捉《ほそく》殲滅戦中二十日十八時三十五分戦線において壮烈なる戦死を遂ぐ。部隊一同衷心敬仰の誠を捧《ささ》げ哀悼の意を表し上ぐと。美しく散らんとのみ念願せし愛児定めし本懐ならん。而《し》かも予の最も主張せる常徳作戦中宿敵精強なる一〇〇Aとの戦闘中花々しき戦死を遂げしこと奇しくも亦《また》父に代わりて戦死し呉《く》れたるが如し。五千五百の若き赤子を中支の野に散華せしめし予としては何よりの花向《マ》け《マ》なり。（『最後の陸軍大臣阿南惟幾の自決』）

さらに、阿南は村川聯隊長に「二男惟晟戦死の報を聞きまことに感激にたえず、生前のご指導を深謝す」（『野砲兵第三聯隊史』）と電報を送り、阿南の妻綾子《あやこ》は、自宅のあった東京三《み》鷹《たか》から、千葉市の村川の留守宅まで出向いて、これまで惟晟が聯隊で世話になってきたことに謝意を述べた（同右）。

自分の子どもが戦死したことに感謝の意を表すことは、現代の私たちでは理解に苦しむ。しかし、日本国民は天皇の臣民であり、また天皇の子ども、すなわち赤子であるとした戦前日本の国家観では、天皇のために戦い、亡くなることが名誉とされた。このような発想が、未来のある若い将兵をさらに死の淵《ふち》に追いやったことは否めない。

村川は、惟晟が若い武人として、「崇高な信念を堅持したばかりでなく、若いに似合わず、実に豊かな、思想を持ち、文武両道に秀でたことを口をきわめて称賛している」(同右)。当然、この評価は惟晟がその後陸軍大臣まで務めることになった阿南惟幾の息子であることを贔屓《ひいき》目で見たことによる。だが、村川部隊、さらには第三師団にとっても、小隊長でありながら、将来を嘱望されていた阿南惟晟を死なせたことは、痛恨の極みであったといえよう。

## 常徳城攻略戦と中畑聯隊長の死

ここで、第三師団以外の作戦部隊の動きをまとめる。第一三師団は、霧気河中流の黄金坪《こうきんぺい》から進撃し、途中、石門から脱出した第七三軍の部隊と遭遇し、これを撃滅した。さらに、敵を倒しながら南下し、二二日、桃源西方約四〇キロメートルの黄石市《こうせきし》に到達する。第三九師団は、第一三師団の北側を進み、長江右岸周辺に展開する敵を攻撃した。

第一一六師団は、澧水下流の澧県《ほうけん》から南に下り、常徳の北側まで進む。第六八師団は、江南作戦で第三師団が戦った安郷や廠窖事件が起きた南県を通って、洞庭湖を船で越えた。その後、湖の縁を前進し、常徳の東側に至る。あとは、第三師団が桃源から進撃して常徳の南側にいた敵部隊を倒し、最後に同地を落とせば作戦は概《おおむ》ね完了となった(『第三師団通信隊誌』)。

この日本軍の動きに、中国側はどう対応したか。中国軍の守る常徳は、市内の四方をおよそ一〇メートルの高さの城壁が取り囲んでいた。その南側は沅江に面し、残りの三方の壁の前には幅二〇メートルほどの深い水濠《すいごう》がある。また、城壁北門の前には頑丈なトーチカが幾重にも設置され、西門一帯は複雑な起伏の畑地に陣地線が張られるとともに、それぞれに迫撃砲が備えられている。さらに、常徳城内の家屋のほとんどが頑丈なレンガ造りで、市街戦になった場合も防御に適していた。そして、城内の道路上にもいくつものトーチカが置かれていた(『野砲兵第三聯隊史』)。このように、常徳は、城内外どちらも堅牢《けんろう》な守りで固められていたのだ。

このとき、常徳の守備を担当していたのが、余《よ》程万《ていまん》を師長とする第七四軍主力の第五七師であった。仮に、日本軍に常徳を奪われたら、国民政府の本拠地である重慶まであと一歩のところまで迫られることになる。その意味で、第五七師の役割は、今後の日中戦争の趨勢《すうせい》を左右する重要なものであり、これまでにない抵抗をみせることが予想された。

もともとの中国側の計画では、沅江河畔で日本軍に決戦を挑むはずであった。しかし、予想以上に中国軍の被害が大きく劣勢となったことから、余は常徳城外で待機していた部隊をすべて城内に引き入れ、各城門に彼らを配備し、籠城《ろうじょう》して抵抗する作戦に切り替えた。

一一月二三日、第一一六師団は、常徳城北側から攻撃を開始し、常徳作戦の山場である常徳城攻略戦の火蓋《ひぶた》が切られた。先陣を切った第一〇九聯隊は、第五七師第一七〇団と遭遇し、激戦の末、聯隊長の布上照一大佐と参謀の田原弘夫中尉が命を落とす（『中国抗日戦争正面戦場作戦記　下』）。

第一一軍司令部は、第五七師から想定外の反撃を受けたことから、各部隊に任せていた常徳城攻略の指揮を軍司令部が直接担うこととした。そして、第三師団に対し、二五日夜から常徳に向けて進撃するよう命じる。

第一一軍司令部から命令を受けて、桃源の中畑部隊は、二五日朝から出撃に向けた準備に取りかかる。中畑聯隊長も自ら数人の部下を引き連れて前線に進み、敵情視察にあたった。任務を終えて聯隊本部に戻るとき、突然、あるできごとが起きた。

乗馬小隊長の古田《ふるた》少尉、中畑聯隊長、加屋《かや》副官は乗馬で本部に帰る途中、偶々《たまたま》敵機（二）が上空に現われたので「急げ」と号令して一目散に駆け出した時、カーチスＰ四〇は低空して旋回を行い無気味な爆音を響かせた。聯隊長は乗馬を兵に托《たく》して崖下の木陰に遮蔽《しゃへい》し「慌てなくともよい」「落着け、落着け」と言葉をかけつゝ木陰の坂路を登った頃、旋回中の敵機は突然猛烈な機関銃掃射を本部の家屋めがけて浴びせてきた。恐

常徳城内の中国軍陣地に迫る日本軍兵士（1943年12月6日）

ろしい炸裂音そして大地に土煙の帯を引いて敵機は欅《けやき》の葉ずれに西陽を受けて遠く南の空に姿を消した。（『歩兵第六聯隊歴史』）

ちなみに、「カーチスP四〇」とは、カーチス・ライト社製のアメリカ陸軍主力戦闘機のひとつで、日中戦争で国民革命軍を支援したアメリカ志願隊（American Volunteer Group〔AVG〕、フライングタイガース。中国名飛虎《ひこ》隊）の機体として活躍した。同隊は、駐華特遣隊をへて、一九四三年三月一〇日、第一四航空隊に改編され、中国戦線を飛び回った（『中国抗日軍事史』）。中畑を襲ったのは、この部隊の機体と思われる。

いずれにしても、この上空からの奇襲攻撃で、中畑は軍医による手当ての甲斐《かい》なく死亡した。中畑の死は、彼に一瞬の油断があったこともさることながら、日本軍が優勢に見えた中国戦線でも、それは陸上だけであり、制空権は完全に中国側に握られていたことを証明したのだ。

### 味方の放った毒ガスを浴びる

二五日夜、戦死した中畑の代理として第六聯隊長となった簗場市郎左衛門《やなばいちろうざえもん》大尉は、予定どおり常徳に向けて進撃の声を上げる。簗場部隊にとって、この戦いは中畑の弔い合戦となった。同隊は、調達した船で沅江を渡り、南側城壁前のトーチカからの攻撃に応戦しながら、二六日に、城壁の南東角を占領する。

まもなくして、簗場部隊は、南東角から東門付近に連なった敵トーチカの抵抗に遭う。一方、南側からは、常徳の第五七師を救援するための敵部隊が近づいてきた。これにより、簗場部隊は中国軍に南北で挟撃される危険にさらされたのだ。

簗場部隊の後衛を務めていた第三師団の速射砲中隊は、向きを南に反転し、迫ってきた敵救援部隊に直撃弾を浴びせて、これを撃退する。

速射砲中隊の活躍で、挟撃の危険は回避されたが、この直後、彼らは予想だにしなかった被害に見舞われた。速射砲中隊所属の野倉潔《のくらきよし》が回想する。

丁度此《こ》の日の午後であった、昨日聯隊長を襲った憎っくき敵機カーチスＰ40が亦々上空に飛来し機銃掃射を加えた。敵機来襲に、逸早《いちはや》く附近の民家に避難して十分も過ぎた頃、異様な臭いが附近に充満した。それは正しく毒瓦斯《ガス》弾であったのだ。

初体験のこと故、周章狼狽《ろうばい》して防毒面を探した。だが防毒面は兵器では無く被服であるので連日の激戦、強行軍では先《ま》づ不必要な被服から置き去られてしまうので手許《てもと》にはない。

クシャミ、鼻水がだらしなく出て来る。たゞよう薬品の臭いは正しく訓練の時一度だけかいだ事のあるガス弾の臭いであった。

「手ぬぐいを濡《ぬ》らして口に当てよ」「携行毛布があったら頭からかぶれ」と指示されたが、とてもそれ位では治まるものではなかった。

苦しまぎれに穴をほって顔を突っ込む者、屋内の柱、屋外の木に登って口を押えている者、色々だがガスは地面にたゞようので上の方が幾分楽だが、表の木の上では敵の狙《そ》撃《げき》の的になってしまう。

三十分余り七転八倒の苦しみにあえいだ。恐らく此のガス弾に苦しんだのは当時の状況から判断して後衛の第六中隊、第三中隊、速射砲中隊だけであったろうと思う。（「桃源攻略と常徳城攻撃」、『歩兵第六聯隊速射砲中隊戦史』所収）

近くで毒ガスが少し漂っただけで、このようにのたうち回らなければならなかったのだ。日本軍に毒ガス弾で直接攻撃された中国軍将兵、またとばっちりを受けた現地住民の苦しみは、想像を超えるものであったろう。

この毒ガス弾は誰が撃ったのか。野倉と同じく速射砲中隊に所属し、沅江右岸の善巷《ぜんこう》村にいた木股喜代治郎によると、「其の時、東北の風に乗って友軍の発射した毒瓦斯が我々が射撃していた河原の陣地に流れて来た」(「善巷村前面の河原」、同右)という。

残された一次資料や証言、戦後の研究(『毒ガス戦と日本軍』)から、常徳城攻略戦で日本軍側で毒ガスを使用した部隊は、少なくとも第一三軍から援軍として来ていた第一一六師団の第一二〇聯隊と、第一三三聯隊の迫撃第四大隊であることがわかっている。

このうち、前者は常徳城西門で、後者は北門で毒ガス弾を発射している。このことから、第三師団速射砲中隊が浴びた毒ガスは、方角から考えて、迫撃第四大隊の放ったものではないかと考えられる。なお、迫撃隊は、迫撃砲を備えているものの、通常の迫撃砲部隊とは異なり、毒ガス弾の発射によって前線の歩兵部隊を支援する専門の毒ガス戦部隊であった。また、彼らの教育は毒ガス戦教育を担当した陸軍習志野《ならしの》学校が行った(「解説」、『迫撃第五大隊毒ガス戦関係資料』所収)。

常徳城攻略戦時の迫撃第四大隊の記録は現在残っておらず、一九八〇年代前半に、同大隊の元将兵がシンポジウムを開き、史実を確定しようとした。そこでは、毒ガス弾の使用をめぐって肯定と否定で意見が分かれている。

ここで取り上げた速射砲中隊の証言は、迫撃第四大隊が、実際に毒ガス弾を使用したことを示す傍証となろう。

ちなみに、常徳作戦終了後、同作戦での日本軍の毒ガス戦について調査した米陸軍の化学将校、ストックウェル大尉によると、およそ六週間続いた作戦中に、日本軍は計七四回毒ガス弾を戦線で使用し、中国人将校一三〇〇人が被毒、そのうち、四七人が死亡している。特に、速射砲中隊が毒ガスを浴びた日は、一日で最高の一三回、嘔吐《おうと》性毒ガスのあか弾が発射された（『毒ガス戦と日本軍』）。

## 第三節　常徳城の占領

### 築場部隊も毒ガス弾を使用した

常徳城の前まで進んだ第三師団の作戦部隊は、最後はどのようにここを攻略したか。常徳城門を挟んで日中両軍が対峙《たいじ》するなか、日本軍前線では常徳城の突入に向けて、いくつか編成替えが行われた。戦死した中畑聯隊長の後を継いだ簗場部隊は、二六日、後方から駆けつけた村川部隊に編入される。さらに、同日、村川部隊は北門前で戦う第一一六師団の隷下に入った（これにより、村川部隊は村川支隊と称されたが、以下、そのまま村川部隊とする。なお、村川部隊は常徳作戦終了後、第三師団に復帰した）。

二八日、常徳城の東南側にいた村川部隊は、第一一六師団長の岩永汪《いわながおう》中将の命令を受けて、城の北門まで移動。二九日、ほかの部隊とともに北門から常徳城内に突入した。村川によると、そのときの常徳城内は次のような様子だったという。

常徳城内は市街が「トーチカ」や支那家屋内の火点で、互いに側防火力で支援し合ふ巧妙な組織の堅固な市街陣地であった。常徳城の攻略はこれからと云《い》うところで、無計画に猪突《ちょとつ》猛進的の攻撃をすれば、徒《いたず》らに損害が多く効果は少ないと思はれた。（「常徳城攻略・村川支隊長の追想記」、『歩兵第六聯隊史・追録』所収）

聯隊長としての冷静な状況分析から、村川は戦いの方法について、「私はこの市街陣地攻略のポイントは、砲兵や、歩兵砲、機関銃で数方向より同時に、敵の『トーチカ』その他火点の砲門や銃眼に、狙撃的火力を集中して撃滅することが必要であると思った」（同右）という。村川は部隊所属の歩兵と砲兵に対し、互いに協力して常徳城内のトーチカや家屋に立てこもる敵部隊を攻撃するよう命じた。
村川部隊の第二中隊長として常徳城に突入した金子《かねこ》英夫《ひでお》は、その激しい戦いの様子を語っている。

射撃すべき目標に対しまず歩兵の機関銃の一斉射撃の間に砲列を敷き、零距離射撃で銃眼を撃つ。トーチカは沈黙するがその後方の家屋より一斉射撃を受く。砲手は次々と倒れる。交代に次ぐ交代で、トーチカあるいは家屋などに榴弾や焼夷弾《しょういだん》を撃ち続ける。歩兵の前進と共に砲を分解搬送し、家屋伝いに前進する。時には燃え盛る家屋の中を通過前進する。三、四ヶ所破壊し続ける。昼夜兼行の戦いである。（「常徳殲滅作戦と歩六同期生武藤正弘君との別れ」、『野砲兵第三聯隊史』所収）

ところで、村川部隊の所属した第一一六師団が、すでに常徳城外で国際的に使用が禁止されている毒ガス弾を放っていたことは前述した。常徳城内で戦いが続いていた一二月二日、村川部隊に編入された簗場部隊の第一大隊で次のようなできごとがあった。

恰度《ちょうど》この日は岩永師団長が鉄帽姿で戦況視察に来訪せられ、大隊長代理寺沢大尉と戦況を詳しく承知され、前線を激励して帰隊された。中隊の戦斗は一進一退を続けて膠着《こうちゃく》の儘《まま》、午後に至るも変化なし。大隊長は戦況打開を企図し、右第一線に対し赤筒（嘔吐性ガスのあか弾――引用者注）攻撃を命じ各隊に防毒面の装着を指示した。第三中隊より敵が密集する地域に赤筒を発射し白煙で覆ったが、屋内の敵には大なる被害は認められなかった。（「第二中隊常徳攻略戦斗」、『歩兵第六聯隊歴史・追録』所収）

この証言を裏づける一次資料が今のところ見つかっていないため、詳細は不明であるが、推察するに、岩永師団長が第一大隊のもとを訪れた際、彼らに毒ガス弾の発射を許可したのではないか。村川部隊そして簗場部隊は、たまたま編成替えで第三師団から離れたことで、毒ガス弾発射という戦時国際法違反を犯してしまったのであった。

## 中国版スターリングラード攻防戦

毒ガス弾まで飛び出した日本軍の猛攻に対し、常徳城を死守しようとする第五七師の抵抗も凄《すさ》まじく、城内の前線にいた簗場部隊将兵は次々と倒れていく。特に、第二中隊は部隊を率いる佐官や尉官がことごとく負傷し、唯一残った小島中尉も一二月二日の戦いで死亡した業を煮やした第一一軍司令部は、城内の第五七師将兵に向け、大日本軍司令官の名で投降を呼びかけるビラを撒き、余程万を生け捕りにした場合は五〇万元、彼を殺害してその首を持って投降してきた場合は三〇万元を進呈すると発したのである（『常徳抗日血戦史』）。

なぜ、第五七師はそこまで抵抗したのか。当然、将兵たちのなかには、祖国中国を蹂躙《じゅうりん》する日本軍に打ち勝つという愛国心があったことだろう。それに加えて、常徳のトーチカにいた守兵たちは、その中で足を鎖で縛られて脱走できなくなっていたという（『歩兵第六聯隊歴史』）。彼らにとって戦いに敗れることは、自らの死と直結していたのだ。よって、その抵抗は壮絶であった。

余程万も、救援を求める電文で次のように述べ、苦境のなか、自身の愛国心を奮い立たせた。

弾薬が尽き、援軍も届かず、人はいなく、城はすでに破壊されている。このとき、余程万自身は、副師長、参謀長、政治部主任、侍従官、衛隊などを率いて中央銀行（第五七師の拠点——引用者注）を固守し、敵に最後の戦いを挑む。各団長を区域に分け、陣地を死守する。最後まで抵抗し、死ぬまで戦うことを誓う。そして、声高に叫ぼう、第

（『歩兵第六聯隊歴史』）。

七四軍万歳！・第五七師万歳！・委員長（蔣介石のこと――引用者注）万歳！・中華民国万歳！」（『楚天雲』）。

これに対し、蔣介石は孫連仲を介して余に返電し、今回の常德城の戦いは、スターリングラード攻防戦に匹敵する価値があり、中国国家民族の栄光でもあると激賞した。スターリングラード攻防戦とは、この前年の一九四二年八月からおよそ半年間、ロシア西南のスターリングラード（現ヴォルゴグラード）をめぐって行われた独ソ両軍の戦いをいう。

はじめ、ドイツ軍は圧倒的な火力でスターリングラードを占領寸前までに追い込んだ。だが、ドイツ軍の勝利と思われた矢先、英米の支援を受けたソ連軍が反攻して戦局を巻き返し、最終的にドイツ軍を撃退した。蔣介石は、スターリングラード攻防戦のように、常德作戦でも中国軍の逆転勝利を期待したのだ。

さらに、この第五七師の命がけの抵抗は、中国国内のマスメディアで大きく取り上げられ、中国民衆の抗戦意識を掻《か》き立てた。例えば、新聞『衡陽大剛報《こうようだいごうほう》』の社説では、第五七師の活躍を次のように報じて、彼らを英雄として讃《たた》えた。

常德守備軍第五七師の官兵は、揺るぎない英雄の余程万師長の指揮のもと、少しも怯《おび》えることがないばかりか、常徳防衛の命令がもたらされたとき、同師全員が光栄ある任務と認め、常徳とともに命を賭《と》す決心を固めたのである。よって、敵が現れると、彼らは数倍のそれに対して、傷の数もなかなかなものであるのに、敵が一度城内に突入したとき、余ら師の官兵はひとたび刀を抜くと、格闘を挑んで彼らを倒し、血がほとばしるような激戦を演じた。これはまさに抗日英雄であり、驚天動地である。（『常徳抗日血戦史』）

第五七師のもとには、中国全土から激励の手紙が寄せられ、献金や物資の提供が相次いだ。彼らは固唾《かたず》を呑《の》んで常徳の戦況を見守っていたのである。

しかし、日本軍の容赦のない攻撃は、蔣介石や中国民衆の希望を打ち砕いた。一二月三日、わずか数十人となった簗場部隊の第二中隊は、決死隊を組んで、第五七師に最後の突撃を敢行しようとした。その準備中、前方の城壁上に白旗を掲げた敵軍使がいるのを発見する。第二中隊長代理の石原曹長は、ただちに通訳を引き連れて軍使のもとにたどり着き、第五七師の無条件降伏を受け入れたのであった。

この戦いでの捕虜は、第五七師参謀長をはじめ、計千数百人に上った（『歩兵第六聯隊歴史』）。一方、師長の余程万は、降伏直前にわずかな手勢を率いて常徳城を脱出し、常徳南方にいた救援部隊に匿《かくま》われる（「昭和十八年　武漢地区に於ける第十一軍の作戦指導」）。日本側の報道では、余は二日夜、わずかの部下とともに三隻の船に乗って沅江から逃げたが、そのうち二隻が日本軍の山砲によって沈められ、溺死《できし》した可能性があるとされた（「余程万溺死か　副師長等捕はる」、『朝日新聞』、一九四三年一二月六日）。

日本軍の作戦部隊は、常徳城占領後、周辺に残る敵部隊を掃討し、作戦の戦果を確認したうえで、一一日、常徳城より退いた。第一一軍の調べによると、一二月八日までに判明した常徳作戦での中国軍側の被害は、死亡二万九五〇三人、捕虜一万四〇二五人、その他鹵獲品《ろかく》。一方、日本軍側は戦死一二七四人、戦傷二九七七人であった。この戦傷のなかに、第三師団速射砲中隊のように、味方の毒ガス弾を受けて病を患った将兵が含まれていたかはわからない。

常徳作戦は、毒ガス弾を使ってまでのなりふり構わない戦いぶりによって、日本軍の勝利に終わった。しかし、彼らにそこまでさせるほど、中国軍も激しく抵抗したことは、敗れたとはいえ、一定の評価を与えることができよう。第一一軍にとっては、この勝利によって第二次長沙作戦の敗北の屈辱を雪《そそ》ぐことができたことになる。

第三師団も第一一軍の中心として多くの犠牲を出しながら、前線で戦い続けた。彼らの奮闘が戦いを勝利に導いたといえよう。しかし、戦いの詳細を見ると、前線に出ていた阿南惟晟少尉や中畑第六聯隊長を敵からの不意の攻撃で失ったり、味方部隊の放った違法な毒ガス弾に苦しんだり、逆に第三師団から一時的に離れていた簗場部隊が毒ガス弾を発射したりと、後味の悪い結果を残した。大本営も日誌のなかで、「106D及び3Dの両連隊長戦死、尚阿南大将令息も戦死、相当の犠牲なり。駐支部隊の装備の劣悪、殊に火砲の不足に依《よ》るもの丶如し」（『大本営陸軍部戦争指導班機密戦争日誌　下』）と記し、常徳作戦で損害が大きくなった理由を分析している。

一方、中国側は、常徳作戦で敗れたとはいえ、世界的な視点に立つと、同作戦中の一一月二二日、エジプトのカイロで米英との三国首脳会談（カイロ会談）に招かれ、連合国の一員として、日本の無条件降伏後の対日処理について取り決めている（一二月一日、カイロ宣言として発表）。

また、一一月二八日、イランのテヘランで開催された米英ソ三国首脳会談（テヘラン会談）では、米英軍による西ヨーロッパ反攻実施と、一九四四年一月以降のソ連の対日参戦がそれぞれ約束された。日本軍が局地戦の勝利に酔いしれている間に、連合国は徐々に日本を追いつめていたのである。

# 第五章　補給なき泥沼の戦い——一号作戦（大陸打通作戦）

## 湘桂作戦(1944.4−12)

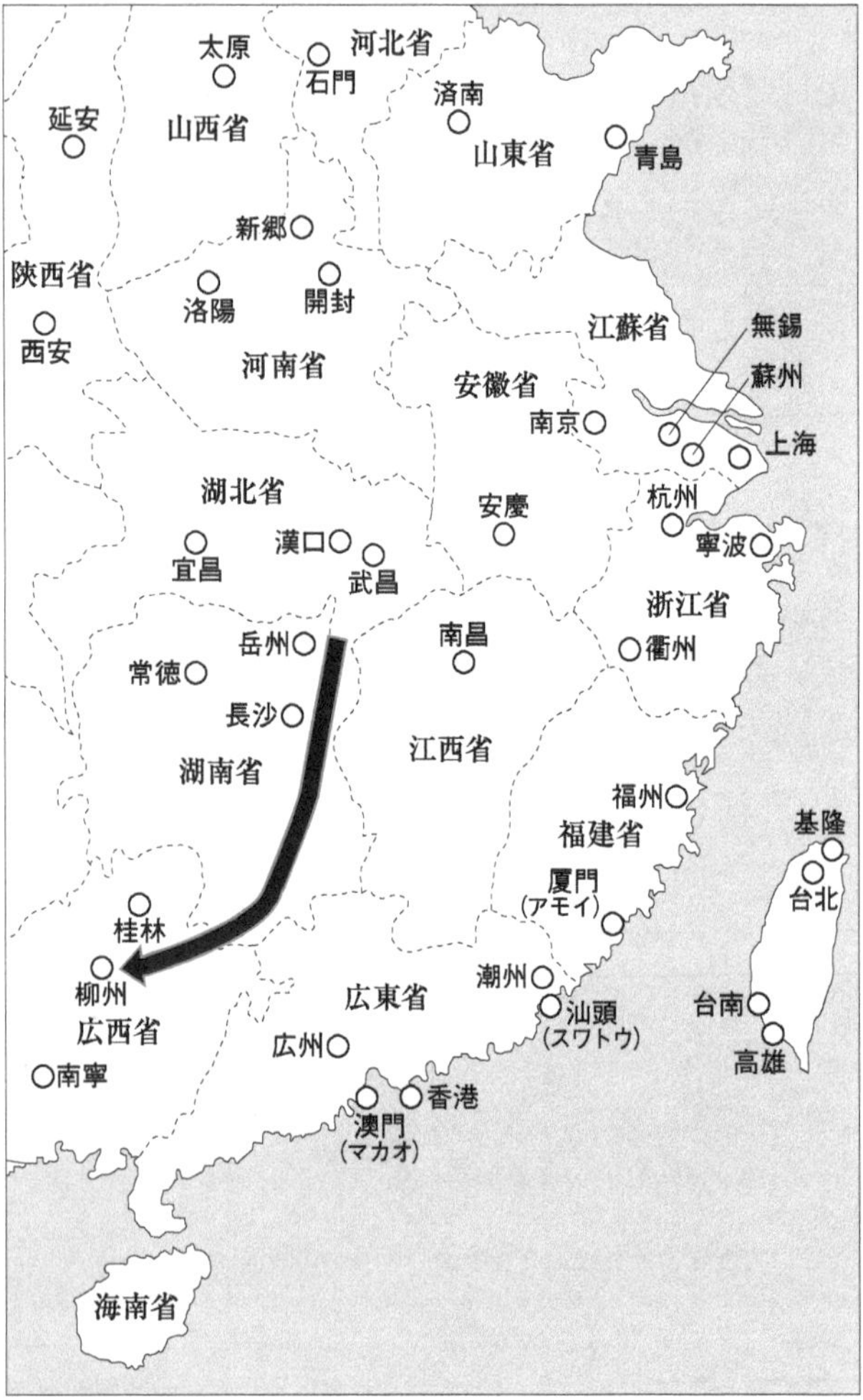

太原
河北省
石門
済南
延安
山西省
山東省
青島
新郷
陝西省
洛陽
開封
西安
江蘇省
無錫
河南省
安徽省
蘇州
南京
上海
湖北省
安慶
杭州
漢口
寧波
宜昌
武昌
浙江省
岳州
南昌
衢州
常徳
長沙
江西省
湖南省
福州
福建省
基隆
厦門
(アモイ)
台北
桂林
柳州
潮州
広東省
汕頭
(スワトウ)
台南
広西省
広州
高雄
南寧
香港
澳門
(マカオ)
海南省

## 第一節　一号作戦

### 中畑聯隊長の死を悼む

一九四三年一二月三日、常徳を攻略した第三師団は、周辺に残る中国軍を掃討し、二一日、原態勢復帰の命令を受けて、湖北省の駐屯地への帰還を始める。すでに季節は冬となり、長江は減水期を迎えていた。よって、彼らが長江の浅瀬を渡る際、雨季のときのように胸の上まで水に浸《つ》かることはない。だが、河水が引いたところに広がった泥土に足を取られ、かえって進行が遅れたのである。

やっとの思いで長江を渡りきると、彼らは日本軍が路線を守る鉄道に乗り込み、四四年一月五日までに各駐屯地に戻っていった（『第三師団戦史』）。

湖北省随県《ずいけん》の浙河《せっか》警備地に到着した歩兵第六聯隊《れんたい》は、常徳作戦で命を落とした中畑聯隊長ら聯隊将兵を弔う告別式を開いた。速射砲中隊の牧幸男《まきゆきお》によると、生前の中畑は聯隊幹部の指導には非常に厳しかったが、兵に対しては我が子のように気を遣った。特に健康面では、食事の時間になると、主計将校を伴って中隊の各部屋を回り、栄養のある食事を取っているか確認したという。また、中畑は聯隊の軍旗祭（天皇からの軍旗の拝領を祝う式典）で、兵らと親しく触れ合い、部下からも父親のように親しまれていた（「中畑聯隊長追憶記」、『歩兵第六聯隊歴史・追録』所収）。

式典には新任の第六聯隊長松山良政《まつやまよしまさ》大佐の号令のもと、聯隊各将兵が聯隊本部に設けられた祭壇の前に集まり、厳かに挙行された。

戦いを終えて駐屯地に戻った将兵らの楽しみのひとつが、日本から送り届けられた慰問袋である。慰問袋には、戦いの無事を祈る手紙やお守り、嗜好品《しこう》のタバコや雑誌など、戦いに疲れた将兵の心を癒《いや》す品々が詰められていたもので、戦争関連の慰問品や献金についておもに扱う陸軍省恤兵部《じゅっぺいぶ》、愛国婦人会、大日本国防婦人会らが中心となって、日本国民に購入を呼びかけていた。日中戦争が始まると、日本のデパートでは慰問袋の詰め合わせが販売され、人々はこぞってそれを買い求め、見ることのない将兵に思いを込めて戦地へ送ったのだ（『抹殺された日本軍恤兵部の正体』）。

しかし、常徳作戦終了後の一九四四年になると、それまで第六聯隊本部にたくさん寄せられていた慰問袋の数がだんだんと少なくなる（『歩兵第六聯隊歴史』）。この頃、日本国民も長引く戦争で窮乏にあえぎ、とても慰問袋を送り続ける余裕がなかったのだ。また、慰問袋を作ること自体、恤兵部らが仕掛けた日中戦争緒戦からのブームであり、開戦から七年もたったこの時点で、すでに人々にあったその熱も冷めていたのである。

慰問袋の少なさに一抹の寂しさを感じる第六聯隊将兵に、三月、「各隊は隊長以下全員の遺髪を取って個々に署名し、之《これ》を纒《まと》めて本部に提出のこと。又個人の私物は全部まとめて梱《こん》包《ぽう》せよ」（同右）との指示が下った。これは、仮に敵との激戦で命を失い、形見になるようなものがなくなっても、あらかじめ遺髪を取っておいてそれに代えるという意味である。また、私物をまとめるということは、すぐに戦場から戻ってこられないことを暗示していた。

これを聞いた第六聯隊将兵らは、「愈々《いよいよ》来るべきものが目近《ママ》かに来るのだ、そして今度の進攻は大きいぞ、何処《どこ》かわからんが命ぜられるまゝに征《ゆ》くのだ」（同右）と、直感的に認識し、緩みかけていた戦意を再び奮い立たせたのである。

前線で第三師団の将兵がこのような日々を過ごしていた頃、大本営と支那派遣軍の間では、次の戦いに向けた協議が行われていた。

## 支那派遣軍隷下師団の南方転用問題

常徳作戦が始まろうとしていた一九四三年九月末、日本政府は天皇臨席の御前会議で、「今後採ルヘキ戦争指導大綱」を決定し、戦争遂行上絶対確保すべき要域を千島《ちしま》、小笠原《おがさわら》、内南洋（中部と西部南洋）、西部ニューギニア、スンダ（スマトラ島、ジャワ島、ボルネオ島およびその周辺の諸島）、ビルマを含む圏内とする（『日本外交年表並主要文書　下』）。この領域は絶対国防圏と称された。

そして、絶対国防圏の防備を固めるため、同年末から翌年春までに、戦力に余裕のある中国戦線から計一一個師団を南方に転用することを決めたのである。これが実現すると、中国戦線からは一気に約一五万人もの兵力がいなくなり、わずかな部隊で占領地を維持しなければならなくなる。この転用される師団の候補のなかには、日中戦争開戦以来、一貫して中国戦線で戦っていた第三師団も含まれていたのだ。

五号作戦の実現を願い、常徳まで戦線を延ばしていた畑軍司令官にとって、中国戦線の維持すら脅かすこの大本営の方針は、当然受け入れられないものであったろう。だが、畑は派遣軍参謀らに次のように述べて、これを了承したのである。


支那派遣軍が大東亜戦争に寄与するの途は、その有する戦力を提供することか、あるいは派遣軍が大陸に占拠する地位を基礎とする行動以外には残されていない。後者のゆえに去る五月、杉山参謀総長の来支時にも、また八月派遣軍作戦計画大綱の大本営への提出時にも、武力によって重慶の脱落を図って大東亜戦争の一突破口を拓《ひら》かんとする主旨を明らかにしたのである。

しかし、今回の指示はこれではなく、前者の戦力の提供である。これを前提として後図を考えよ。（『湖南の会戦』）

なぜ、畑はこの大本営の方針を受け入れたのか。ひとつは、依然として五号作戦の実行に消極的な大本営の姿勢に失望したからである。八月一一日、畑は大本営に出張していた支那派遣軍総司令部作戦課長の天野正一大佐からの電文で、大本営が戦況の悪化により、当分の間、五号作戦を実行する考えのないことを知った。畑はこの日の日記に、「此《こ》の如く唯《ただ》米英の反攻の対策のみに終始し遂に守勢に立ち、一方に血路を開くことは企図せられざるが如く、重慶屈服の機会は来らざるべし。嘆ずべきかな」（『陸軍　畑俊六日誌』）と記し、太平洋戦線に注力し、中国戦線の解決を図ろうとしない大本営に不満を露《あら》わにしたのである。

もうひとつは、大本営が国民政府との和平交渉を始めようとしていたことにある。前述のとおり、日中両国政府間による和平交渉は、第一次近衛声明で途絶し、その後、日本政府が同声明を撤回したものの、再開の糸口を見出《みい》だせずにいた。その代わりに水面下での非公式な交渉は断続的に行われたが、成果を挙げることなく終わってしまう。

八月二一日、参謀長会議のため大本営を訪れていた支那派遣軍総参謀副長の唐川安夫《からかわやすお》少将は、畑への帰任報告で、「中央にては重慶との和平工作の機運漸《ようや》く動き初めあり。是《これ》も情勢の変化より生ずる自然の結果なるが首相（東條英機《ひでき》首相。陸軍大臣も兼務――引用者注）には未だ話しあらずとのことなり」（同右）と、日本で中国側との和平交渉が始まる予兆があることを伝えた。

九月一日、畑は日記のなかで和平交渉の見通しについて記し、ヨーロッパでのドイツ軍の劣勢、太平洋戦線での連合軍の反転攻勢により、日本では「就ては一日も早く支那事変を片付ける為重慶と直接交渉開始の意見は中央にて大分擡頭《たいとう》したる模様にして、之に反対するものは東条一人といふ有様の由なるが、さて之を東条に進言するものなき有様の由なり」（同右）と、東條首相が和平交渉を始めるうえでのネックとなっていると懸念したのである。また、当時日本軍占領下の南京にあった対日協力政権の中華民国南京国民政府（汪兆銘《おうちょうめい》政権）の存在もあり、日中の和平交渉再開はいくつもの問題を抱えていた。しかし、以前のように五号作戦だけが日中戦争を解決する方法ではなくなり、重慶国民政府に武力で圧力を加える必要性は低下していく。その結果、畑は第三師団など支那派遣軍の主力師団を南方に転出させることに同意したのである。

しかし、まもなくしてこの転用はあるできごとによって構想が改められ、事実上中止となった。

そのできごととはいったい何か。

## 新竹空襲は衝撃を与えた

第三師団が常徳城攻略作戦を開始した一九四三年一一月二五日、日本植民地下台湾にあった新竹《しんちく》飛行場が中国大陸からやってきた米軍機二〇数機に空爆された。飛来したのは、B－25爆撃機、P－38戦闘機、P－51戦闘機で、江西省遂川《すいせん》の飛行場から出撃したものだ。遂川から新竹までの距離は約六八〇キロメートルあったが（『河南の会戦』）、これら機体の航続距離は二〇〇〇キロ以上あり、中国大陸の基地へ余裕で帰還することができた。

新竹空襲のあった次の日、大本営陸軍部戦争指導班は日誌に、「台湾新竹在支米空軍より初撃を受け海軍飛行場に若干の損害あり、敵の来る寧《むし》ろ遅きに失す、台湾の軍官民を覚醒《かくせい》せしむへき良薬也《なり》」（『大本営陸軍部戦争指導班　機密戦争日誌　下』）と記し、強気な態度を見せている。

前述のとおり、新竹空襲前の九月、日本政府は絶対国防圏と称して、今後日本軍として必ず確保すべき支配領域を定めていた。新竹の空爆はこの絶対国防圏を早くも脅かす事態で、日本側にショックを与えたのだ。

このとき、在華米軍機はおよそ一三〇機あり、中国西南部の貴州省や広西省（現広西チワン族自治区）の空港を利用し、中国空軍約二〇〇機とともに、反攻を活発化していた（『大東亜戦争全史』）。

一一月初頭、大本営では杉山参謀総長と服部卓四郎作戦課長を中心に、在華米空軍の活動を抑えるための施策の研究を始めている（『河南の会戦』）。新竹空襲はまさにその矢先のできごとであった。空襲は、大本営が設定したばかりの絶対国防圏構想に変更を加えることになる。服部はいう。

絶対国防圏確保の構想に基づいて、全般戦局の指導は着々と進んでいるが、日本として何時かは攻勢に出て決戦をする必要がある。攻勢を採り得るのは、各種の観点から昭和二十一年（一九四六年）ころとなるであろう。そのころ一大攻勢に出るためには、東は極力諸島嶼《とうしょ》の線で一応敵の進攻をうちとめ、西は支那大陸を打通確保して、南方に対する交通を確保する態勢を造っておかねばならない。この両措置が確立されて、初めて当時の情勢に応じて、大攻勢を採ることができるのである。

北、中、南支分拠の中国戦線を打通連絡し、更に仏印に連綴《れんてい》することは、きわめて大きな作戦ではあるが、その地域に米空軍の基地も所在する現状から考えあわせ、昭和十九年中に是非とも実現しなければならない。（『湖南の会戦』）

中国大陸に南北へ連絡路を縦貫させるという案は、新竹空襲前の同年夏頃より、参謀本部内で今後の作戦計画のひとつとして検討されていたが、具体化には至っていなかった。絶対国防圏確保の方針に変更が加えられたことで、中国戦線から約一五万人の兵力を南方に転用するという従来の計画は、ひとまず横に置かれる。それに代わって登場したのが、京漢打通作戦であった。

京漢打通作戦は、支那派遣軍総司令部が「昭和十八年度秋季以降支那派遣軍作戦指導の大綱」で常徳作戦とともに立案していたものだ。同作戦の目的は、「在支米空軍の増強に伴い揚子江補給路が脅威されるに至ったので、南部京漢沿線を攻略して武漢地区に対する北支方面からの連絡路を打開するとともに、中、北支兵力の融通運用を容易ならしめ、かつ豊穣なる河南平地を領有して敵の継戦企図を衰亡させるにある」（『昭和十七、八年の支那派遣軍』）とされた。

大綱が支那派遣軍総司令部から提示されたとき、大本営は京漢打通作戦について、「本作戦は今後更に研究することとし　差当り実施せしめす」（同右）と、採用に積極的ではなかった。しかし、新竹空襲をきっかけに、その彼らの認識は一変したのである。

## 大陸縦貫鉄道作戦

新竹空襲から三日後の一一月二八日、支那派遣軍の天野参謀は大本営に呼ばれて上京し、参謀本部作戦部長の眞田穣一郎《さなだじょういちろう》少将から次のような趣旨で作戦を検討するよう命じられた。

昭和十九年六月上旬（遅くとも七月）、武漢地区から八コ師団、広東地区から二コ師団、仏印から二コ師団をもって攻勢を開始する。そして、粤漢、湘桂（衡陽《こうよう》—柳州《りゅうしゅう》——引用者注）両鉄道を打通して、武漢地区から南支那へ、次いで衡陽付近から西南支那を経て北部仏印へ貫通して地上連絡回廊を完成する。作戦期間は約四カ月とし、航空協力は二コ師団とする。（引用者略）

この作戦の目的は、粤漢、湘桂および南部京漢線を打通して南方圏との鉄道連絡を図るとともに、鉄道沿線要域所在の敵飛行基地を覆滅して、在支米空軍の本土空襲を阻止することにある。なお右敵飛行基地の覆滅には、東南支那の基地も含め、それによって東シナ海を航行するわが船舶に対する活動を封止する。（『河南の会戦』）

また、服部作戦課長からは、「太平洋方面で米軍の圧迫を受けるので、どうしても西の支那大陸を確保して南方との連絡を考えねばならなくなった。海正面で万一の事態が起こったとき、南方にある五〇万の軍隊を見殺しにはできないのである」（同右）と告げられている。

一二月三日、帰任した天野は、畑総司令官に対し、服部の次の指示を伝えた。すなわち、大本営が在華米空軍による海上交通の妨害を憂慮していること、新竹空襲に大きな衝撃を受けたことから、京漢打通作戦よりも規模を大きくした、中国大陸を南北に貫く大陸縦貫鉄道打通作戦の検討を支那派遣軍総司令部でも進めることである（『昭和十七、八年の支那派遣軍』）。

日本軍は戦闘遂行上必要な資源を南方から輸送するため、日本から多くのタンカーや商船を派遣していた。太平洋戦争中盤の一九四三年初頭まで、石油などの重要資源は比較的順調に日本まで輸送ができていた。しかし、常徳作戦のあった同年秋頃になると、ヨーロッパ戦線が連合国側に有利な展開になったことで、米軍の潜水艦が太平洋戦線に多く配備される。その数は太平洋戦争開戦時の約二倍にあたる一一八隻に上った。潜水艦は日本の軍艦ではなく、タンカーや商船を攻撃目標に定めたため、これ以後、それら船舶の喪失量は激増した（『昭和の歴史7』）。

さらに、この頃になると、アメリカ軍はロッキードP－38、グラマンF6F、ノースアメリカンP－51など、日本軍が誇る優秀機、零式艦上戦闘機（零戦）の性能を上回るような戦闘機を実戦投入する。これが中国西南部の飛行場に配備されることで、日本の南方海上輸送ルートはより危険にさらされることになったのだ。

そこで、支那派遣軍総司令部が大本営の意向を踏まえて立案した計画が、大陸縦貫鉄道作戦だ。一二月七日、支那派遣軍総司令部から大本営に提示された「大陸縦貫鉄道作戦指導大綱案」(『河南の会戦』)をまとめると、次のとおりである。

まず、同作戦は第一期から第三期までの湘桂作戦と京漢作戦に分かれる。湘桂作戦の第一期は、一九四四年六月から約一ヶ月半を予定し、第一一軍は洞庭湖西側から、第一三軍は岳州方面からそれぞれ出撃し、第六戦区と第九戦区の主力部隊を撃滅しながら、湖南省南部の衡陽付近を通る粤漢線を確保する。

第二期は九月初頭から約二ヶ月間を作戦期間とし、第一一軍が衡陽付近から、第二三軍が広東省西方地区から、南方軍隷下の印度支那《いんどしな》駐屯軍が北部仏印からそれぞれ進撃し、第四戦区の部隊などを倒して、米空軍の飛行基地がある広西省桂林と柳州を攻略する。

第三期は一二月から約一ヶ月かけて、第一一軍は再び衡陽付近から、第二三軍は広東北方地区から兵を起こし、第七戦区を撃滅して、粤漢線南部沿線を手に入れる。

京漢作戦は、第一期湘桂作戦開始後の七月初めから約一ヶ月半かけて行い、北支那方面軍隷下の第一二軍が河南省新郷《しんきょう》から黄河《こうが》を渡り、第一戦区を撃破して、まだ日本軍の支配下にない京漢線南部沿線を攻略する。

この大綱案は、大本営が具体的な打通作戦計画を検討するための、いわゆる「たたき台」であり、詳細な部分までは考えられていなかった。特にこの大綱案は、広大な中国本土の南北を戦場に、北支那方面軍、南方軍、さらには印度支那駐屯軍まで動員した、いまだかつてない壮大な計画であった。これを実行するためには、数十万人に及ぶ日本軍将兵が戦いを維持するための食料や弾薬を相当数補給しなければならない。補給線がすでに延び切っていたなかで、補給という問題を解決できない限り、この作戦を予定どおり遂行することは難しかった。

それでは、大綱案に基づいて、実際にはどのような具体的計画が練られたのだろうか。

## 一号作戦の目的は変更された

大本営は、支那派遣軍総司令部が提示した「大陸縦貫鉄道作戦指導大綱案」をもとに、一二月二四日から四日間にわたり、図上で駒を用いて、実戦を想定した作戦行動を研究する兵棋演習を行う（同右）。なお、大本営は、作戦全般を一号作戦、そのなかの京漢作戦を「コ」号作戦、湘桂作戦を「ト」号作戦と名づけた。

検討の結果、一号作戦の案を決めるまでの結論が出なかった。とりわけ問題となったのが、この大規模な作戦で用いる兵力や資材を、どれくらいの量をどこから調達するかという点であった。

この問題について、その後も引き続き議論が進められ、一九四四年一月二〇日、陸軍省は支那派遣軍司令部に最終的な意見を伝える。それによると、作戦中、鉄橋や線路の補修などに用いる鋼材は、およそ一〇万トン程度が必要と算定された。しかし、仮に見込みを超えて、鋼材の必要量が四〇万トンを突破した場合、「来年度は速射砲以上の生産は困難となり、鉄道、通信、自動車などの生産はゆとりのない状態となる見とおしである」と、火器生産やインフラ整備に支障をきたすおそれがあった。

弾薬については、「五会戦分を満州から転用すれば可能」と判定されたが、「野（山）砲部隊等、野（山）砲部隊はその弾薬の補給量を二分の一に減ずれば、兵器交付能力はある」と、弾薬の使用を抑えなければ、火器を計画どおり揃えることができなかった。また、作戦で必要な食料の補給については、特に示されていない。

その後、大本営と支那派遣軍総司令部は、それぞれで意見を交わしながら、一号作戦の具体的計画の策定に入る。この話し合いのなかで問題となったもののひとつが、作戦目的であった。前述のとおり、新竹空襲を受けて、参謀本部が求めていた作戦計画は、中国南北鉄道縦貫による南方との連絡路の完成と、米空軍の日本本土空襲をふせぐための中国西南部鉄道沿線にある敵飛行場への攻撃であった。

一月二四日、畑総司令官は大本営に派遣されていた支那派遣軍参謀らの連絡を受け、日記に「粤漢打通及湘桂打通作戦は、資材の関係上、其目的を桂林附近の敵飛行根拠地を占領して、日本本土に対する空襲を封殺することに限定して実施することに中央にて決定せるものゝ如く」（『陸軍　畑俊六日誌』）と、大本営が一号作戦の目的を敵飛行場の攻撃に一本化したと綴《つづ》っている。同じく、一月二九日の畑の日記にはこのように記されていた。

一号作戦は、独り桂林附近在支米空軍基地占領の目的のみならず、雄渾《ゆうこん》なる大陸交通線確保の前提をも目的とするも、主なる目的は多分に政治的にして、これより苦境にある独を支援し、且《かつ》国内の兎《と》角《かく》東南方面の戦況により沈淪《ちんりん》せんとする志気《ママ》を昂揚《こうよう》せんとする狙ひを有するものなり。（同右）

ドイツ軍は、スターリングラード攻防戦でソ連軍に敗れてから劣勢が続いていた。一九四三年五月、北アフリカ戦線で米英連合軍の攻撃に敗れ、イタリア軍とともに戦線から撤退を余儀なくされる。また、東部戦線では七月、モスクワ南方のクルスクでソ連軍に大規模な戦車戦で挑むも、相手の強力な反撃に耐えきれず敗れた。さらに九月、日独とともに枢軸国の一角をなしたイタリアが、連合国に降伏。そして、同年春以降、米英両空軍のドイツ主要都市への戦略爆撃が激しさを増し、ドイツ軍の電撃的進攻を支えた軍需工場は次々と焼失していった。

このようなドイツ軍をめぐるヨーロッパ戦線の状況を受け、大本営は、一号作戦の具体的検討を進めていた一九四四年一月四日、次のような戦況の予想を立てた。

1、独が本年春夏の候に屈服し「ソ」が二十年春以前に対日参戦する場合に於《おい》ては、帝国として主動的《ママ》に戦争遂行するの能力なし。

従って斯《か》くの如き場合に於ては、条件の最低（国体護持を限度）を以《もっ》て和平せざれば国を危くす。

2、二十年中期以降「ソ」が対日参戦する場合には、断乎独力戦争を完遂す。但《ただ》し二十年度中には確算尠《すくな》し。

3、従って「独」は如何《いか》なる場合に於ても、十九年度中は健在せしめざるべからず。之が為帝国は外交作戦共に凡有《あらゆる》手を尽して努力するを要す。（『機密戦争日誌　下』）

ヨーロッパ戦線で敗北を続けるドイツが、一九四四年の夏までに連合国に降伏し、ソ連の対日参戦を招いた場合、中国と太平洋の両戦線を抱える日本は、彼らに和平を求める以外、国家として生き残る道がない。よって、このまま戦争を継続するには、どうしてもドイツに四四年度中は態勢を維持してもらわなければならなかった。そのためには、一号作戦で中国西南部の米空軍を叩《たた》いて彼らの戦力を少しでも削り、苦境に立つドイツ側への軍事的負担をなるべく減らす必要があったのである。また、それらの飛行基地を攻撃して勝利することで、太平洋戦線での敗北で沈滞した日本国民の戦勝ムードを盛り上げようともした。

このほか、長距離で高高度を飛行する、当時最新鋭のB－29米陸軍爆撃機が中国西南部の飛行場に配備された場合、日本本土が空襲にさらされる危険性があったこと、作戦目的を一本化すべきであるとする東條陸相の強い意見があったこともあり、一号作戦の目標は、以上のような変化をみたのである。

## 一号作戦計画とインパール作戦との共通性

一月二四日、大本営は支那派遣軍総司令部との協議の末、「一号作戦要綱」を決定する（『河南の会戦』）。作戦目的は「敵を撃破して、湘桂、粤漢及南部京漢線鉄道沿線の要域を占領確保し、以て敵空軍の主要基地を覆滅し、其跳梁《そのちょうりょう》を封殺するに在り」とされた。そして、作戦は同年晩春からとし、京漢作戦に続いて湘桂作戦が実施されることになった。

支那派遣軍司令部は、「一号作戦要綱」をもとに具体的な作戦計画を立案。三月上旬、「一号作戦計画」を隷下各軍に示達した。この内容について、ここでは湘桂作戦に参加する第三師団所属先の第一一軍に関連する作戦の部分のみ、取り出してまとめる。

まず、湘桂作戦に参加する部隊は、第一一軍を含めて以下のとおりである。

第一一軍――第三師団、第一三師団、第二七師団、第三四師団、第三七師団、第四〇師団、第五八師団、第六八師団、第一一六師団。

支那派遣軍直轄部隊――第六四師団、第一野戦補充隊、第二野戦補充隊、岩本支隊（第一三軍の三大隊基幹。以上部隊は逐次第一一軍に配属され、後方警備にあたる）。

第一三軍――第七〇師団主力。

第二三軍――第二二師団、第一〇四師団、独立混成第二二旅団、独立混成第二三旅団、独立歩兵第八旅団の一部。

第五航空軍――二個飛行団。

湘桂作戦は、前後段に分かれる。そのうち、第一一軍はおもに、以下の前段第一期から第三期の作戦に参加することになっていた。

前段第一期作戦――一九四四年六月初頭より、第一一軍は湖南省湘江洞庭湖付近から行動を起こし、第九戦区を撃退しながら、速やかに長沙を攻略する。次いで、粤漢線を南下し、七月中旬までに長沙南方の衡陽を落とす。その後は、占領地付近の飛行場や鉄道を修復し、かつ、敵部隊に対する牽制《けんせい》作戦を実施して、軍主力の作戦を助ける。

第二期作戦――第一一軍は、衡陽で戦力を回復しながら、一部部隊で湘桂線沿線の宝慶《ほうけい》と

## 一号作戦計画概要図

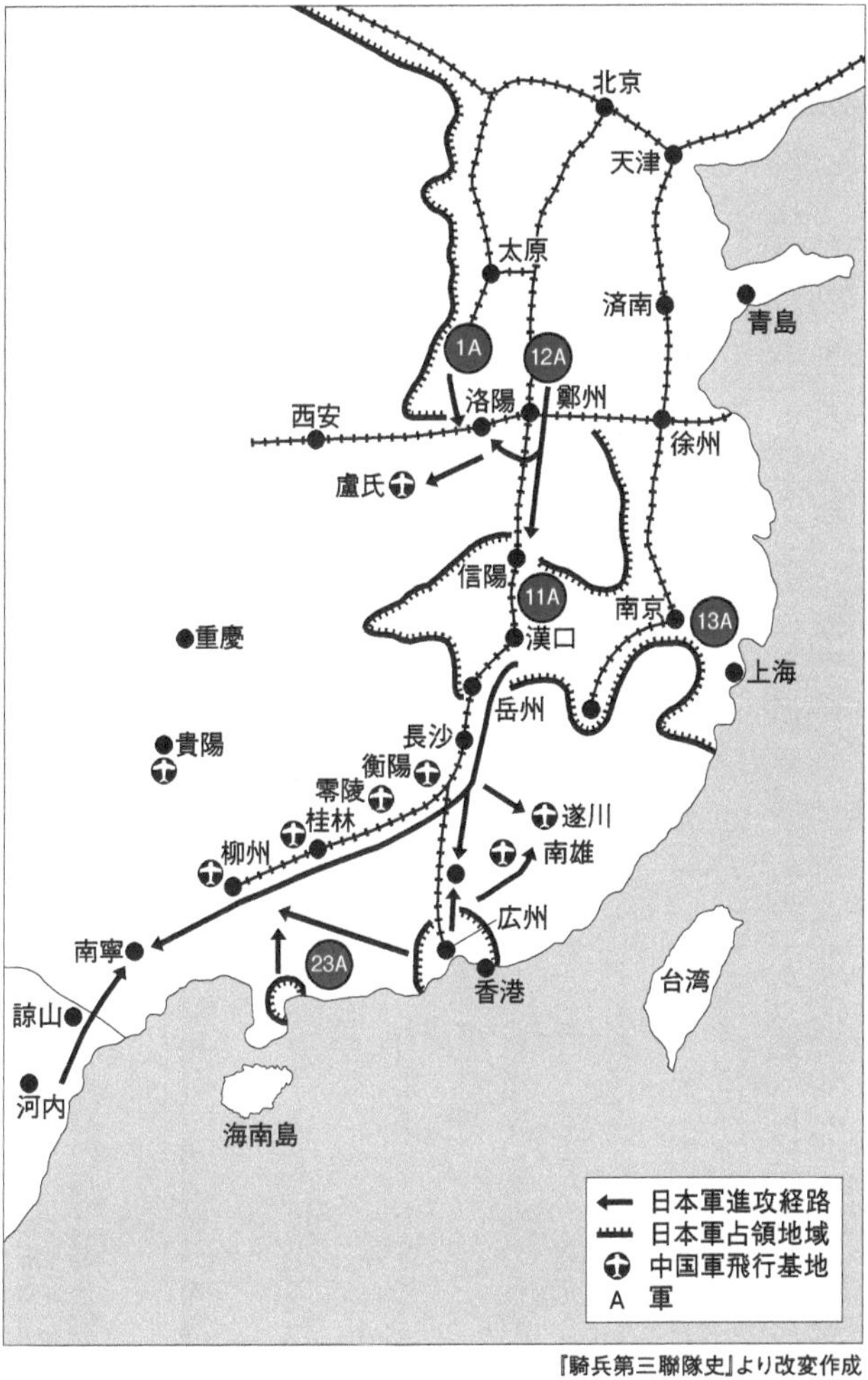


『騎兵第三聯隊史』より改変作成

零陵《れいりよう》を攻略する。さらに、第二三軍とともに、第四戦区を攻撃しながら、九月下旬までに広西省桂林と柳州を攻め落とす。その後、第一一軍は攻略した零陵と桂林付近の飛行場を整備し、また湘桂線を補修しながら、後方補給を容易にさせる。

第三期作戦――第一一軍は、一〇月頃より衡陽と零陵から進撃を開始し、第七戦区を撃破しながら、約一ヶ月かけて、南部粤漢線沿線の要域を占領する。

一号作戦は、一九四四年春からおよそ一年をかけて、全一五〇〇キロメートル以上の距離を、迫りくる中国軍と米空軍の攻撃を跳ね返しながら進まなければならなかった。これにかかる日本軍兵力は約五一万人、軍馬約一〇万頭、火砲約一五〇〇門、自動車約一万五〇〇〇台が必要と算出された。この膨大な兵備をどのように調達しようとしたのか。

支那派遣軍で兵備を担当した編制主任の山田義次中佐によると、これまでの戦いの兵備消耗数から計算した結果、一号作戦で軍馬八万五〇〇〇頭と、兵員一七万人を新たに補充しなければならないことがわかった。支那派遣軍からの報告を受けて、大本営は日本国内から兵員一七万人を用意し、四月から順次一号作戦の戦線に送った。しかし、「これらの人員は、全然装備を持たず、小銃も数名から十数名に一丁程度、個人装具もつけていない状況で、ただ竹の筒を水筒代わりにぶらさげているだけという貧弱なものであった。前述の野戦補充隊で、鹵獲《ろかく》の銃器、銃剣を持たせ、必要な装備を整えさせて、なんとか軍人らしい姿にして訓練した」（同右）という。

また、大本営で一号作戦計画の立案に関わった服部作戦課長は、兵員以外の補給物資について、次のように述べている。

　更に主要資材として、新たに内地又は満洲より追送を予定し得るのは、終始を通じ地上一般弾薬四師団会戦分、航空弾薬約二飛行団分、自動車燃料約四万竏《キロリットル》、航空燃料約一万竏、渡河資材約六百隻のみであって、その大部を三月乃至《ないし》五月の間逐次追送し、概《おおむ》ね華中六、華南一の割合で集積を予定された。（『大東亜戦争全史』）

当然、これだけの量では作戦を遂行するには足りず、不足分は食料を含め、現地調達で賄われたのだ。

ちなみに、「一号作戦要綱」ができあがる前の一月初め、大本営は、南方軍の提案を受け入れ、「ウ」号作戦、通称インパール作戦の実施を決めている。同作戦の目的は、ビルマ（現ミャンマー）を占領したビルマ方面軍によって、英印軍の拠点となっていたインド東部の都市、インパールを攻略することにあった。

しかし、ビルマからイギリス領インドのインパールまでは、いくつもの大河と密林、アラカン山脈といわれる二、三〇〇〇メートル級の山々があるうえに、連合軍に制空権を奪われていて、到達に困難をきわめた。また、第一五軍司令官の牟田口廉也《むたぐちれんや》中将が立案した作戦計画は補給を軽視した無謀なもので、多くの将兵を飢餓に追い込んだ。彼らが前線から撤退する道の端々には、行き倒れた日本兵の屍《しかばね》が続き、その様は「白骨街道」と呼ばれたのである(『牟田口廉也』)。

時を同じくして大本営が認めたこの大きなふたつの作戦は、破綻《はたん》寸前の太平洋戦線に活を入れるカンフル剤の意味も込められていた。しかし、いつ崩壊してもおかしくはなかった作戦なのだ。

この無謀な作戦に、第三師団はどのように挑み、そして、最後まで戦い抜いたのか。第三師団が作戦に参加した湘桂作戦から見ていこう。

## 第二節　湘桂作戦

### 進攻開始

湘桂作戦に参加する第三師団の各聯隊は以下のとおりである。

第三師団(師団長山本三男中将)――歩兵第六聯隊、歩兵第三四聯隊、歩兵第六八聯隊、

野砲兵第三聯隊、騎兵第三聯隊、工兵第三聯隊、輜重兵第三聯隊。なお、湘桂作戦の日本軍作戦部隊の総兵力は約三六万二〇〇〇人で、そのうち、第三師団の兵力は約一万四〇〇〇人（『野砲兵第三聯隊史』）。

湘桂作戦の初戦は、粤漢線を南下しながら、沿線の長沙と衡陽を手に入れる戦いであった（中国名長衡会戦）。一九四四年四月一七日、第一一軍が策定した湘桂作戦の計画によると、第一期作戦として、まず同軍所属部隊を二個兵団に分ける。このうち、第一兵団の五個師団を洞庭湖北側の湖北省華容から岳州西方の崇陽《すうよう》にかけて並列して配置し、五月二七日から二八日までの間に長沙方面に向けて進攻を始めさせる。この作戦で第三師団は、崇陽から通城《つうじょう》をへて、湖南省平江に進み、さらにそこから汨水を渡って、瀏陽河右岸まで進むとされた（『騎兵第三聯隊史』）。第三師団にとって、長沙は薛岳の「天炉戦法」に敗れた因縁の地である。しかし、湘桂作戦では、長沙攻略には参加せず、長沙の東側を南に抜けていくことになった。

作戦は、開始するまで陸軍のほんのわずかの上層部を除き秘密とされた。よって、末端の兵らは、何も知らないまま、この壮大な作戦に身を投じたのである。しかし、歩兵第三四聯隊の大塚敏男《おおつかとしお》のように、騎兵が蹄鉄《ていてつ》を打ち始め、「あれはすぐに間に合わないから、一週間も一〇日も前から打ち始めた。その臭いが、毎日激しくなってきたので、ああ、これは近い

## 瀏陽・醴陵進攻概要図

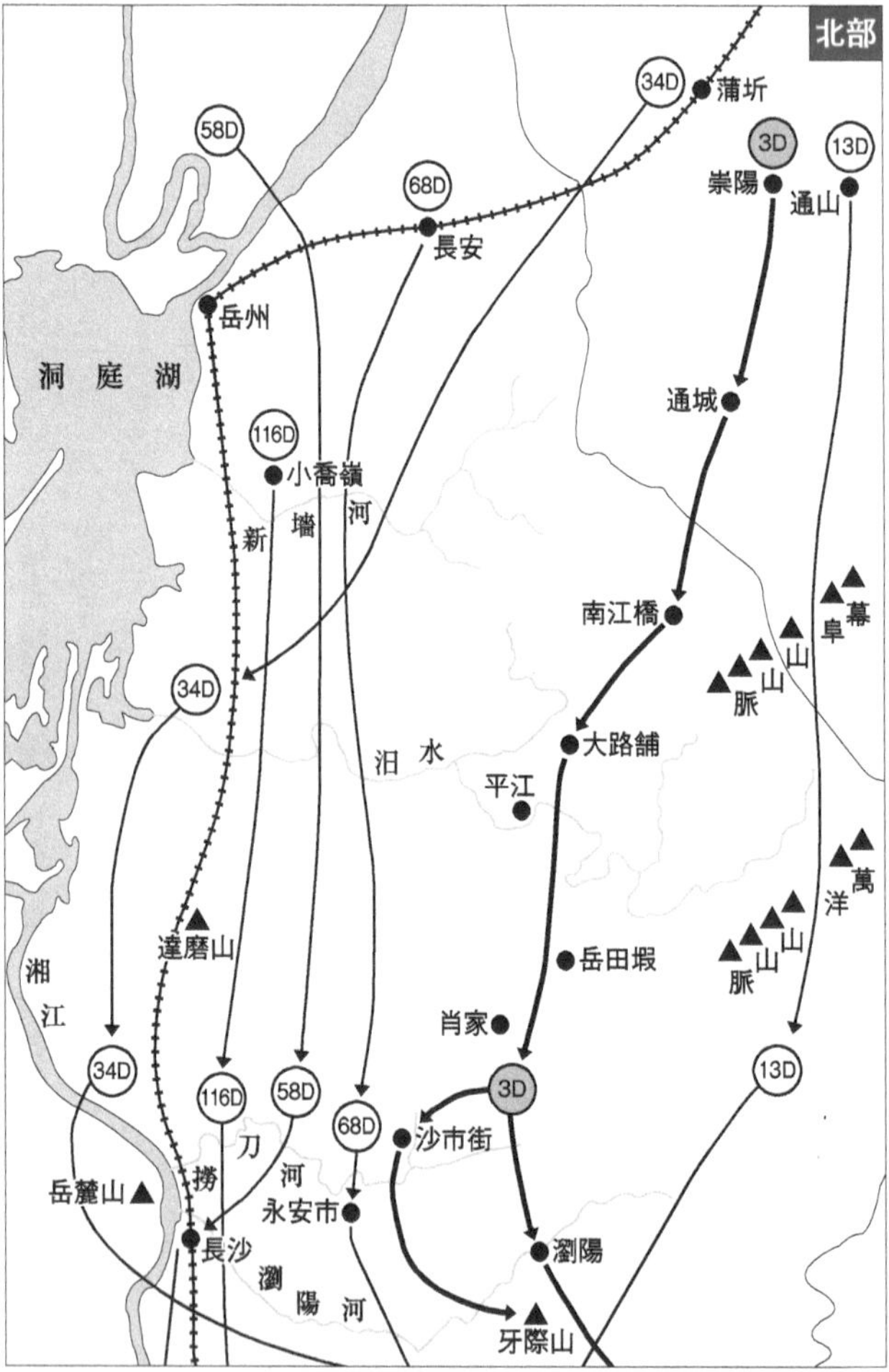

北部
34D
蒲圻
58D
3D
13D
68D
崇陽
通山
長安
岳州
洞庭湖
通城
116D
小喬嶺
新
墻
河
幕
阜
山
南江橋
山
脈
34D
汨
水
大路舗
平江
萬
洋
山
山
脈
達磨山
岳田塅
湘
江
肖家
34D
116D
58D
3D
13D
68D
沙市街
刀
撈
河
岳麓山
永安市
長沙
瀏陽
瀏
陽
河
牙際山

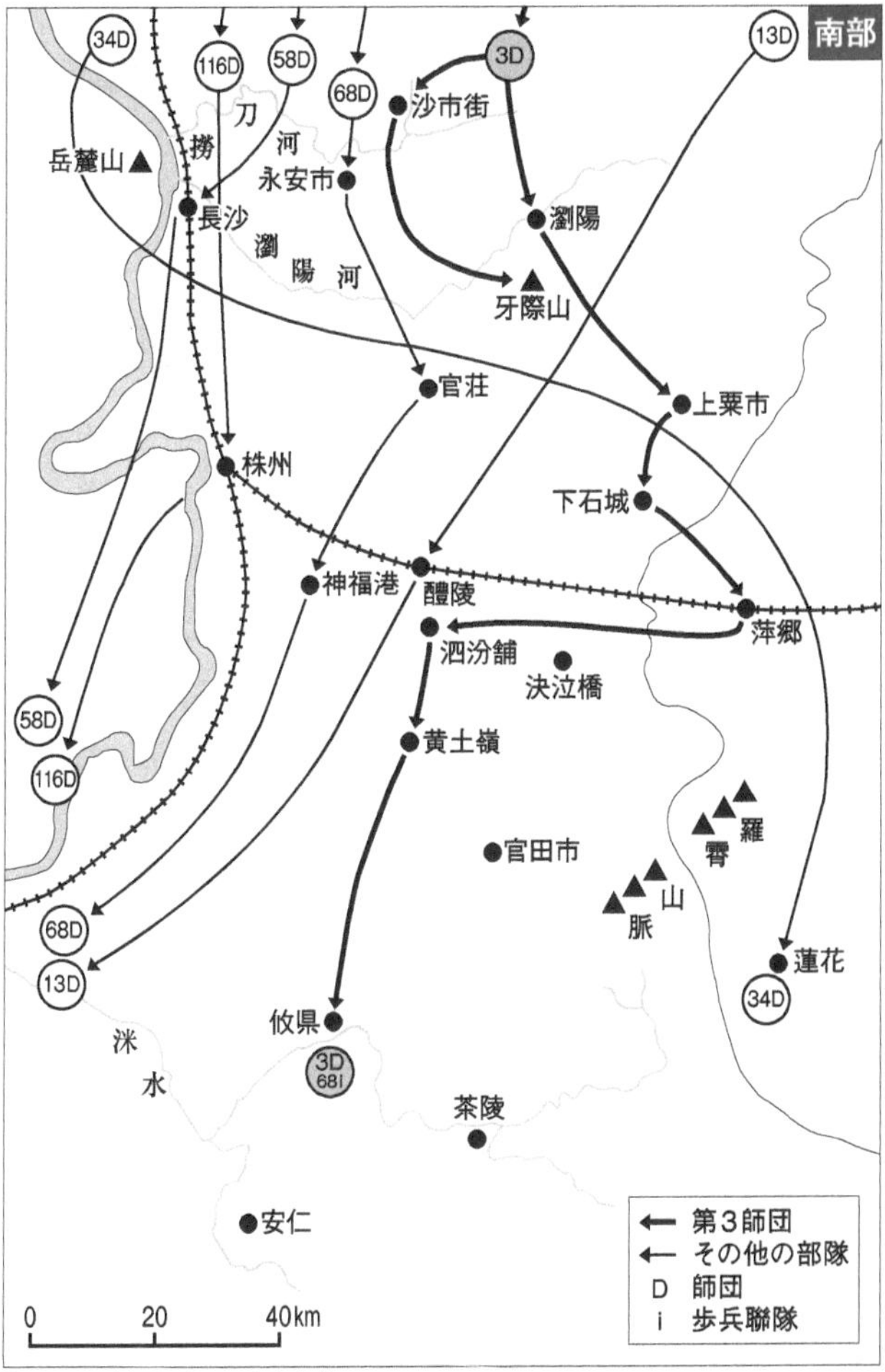


『第三師団通信隊誌』より改変作成

うちに作戦が始まるだろうという予感がしましたね」(宮脇壮行「静岡県・歩兵第三四連隊――中国大陸打通　苦しみの行軍一五〇〇キロ」、『証言記録　兵士たちの戦争①』所収)と、いつもと違う部隊内の様子に新たな戦いが始まることを感じ取る兵もいた。

第三師団は、作戦の軍命令を受け、五月一〇日、駐屯地の湖北省応山から京漢線を伝って作戦開始地点の崇陽に向けて出発した。このとき、すでに上空には毎日必ず敵偵察機が姿を現し、ときおり、彼らに爆撃を加えている(『輜重兵第三聯隊第二中隊史』)。

長江を越え、岳州に到着した第三師団将兵は、湘桂作戦で使われる爆薬など、兵器の資材と膨大な食料が山積みされているのを目にした。また、多数の軍馬と車輌も集まっていて、彼らはそこでようやく「これは容易ならぬ作戦だ」(『野砲兵第三聯隊史』)と認識したのであった。

五月二五日、河南省洛陽《らくよう》の陥落で京漢作戦が終わると、二日後の二七日、第三師団は進撃開始の軍命令を受けて、崇陽を出発。最初の占領目的地である瀏陽河中流の都市瀏陽を目指した。この進撃に対し、彼らを迎え撃つ中国軍はどのような防衛態勢を敷いていたか。

五月二八日、軍事委員会は第九戦区の薛岳軍司令長官に次のように部隊を配置して、まもなく現れる日本軍に対して決戦を挑むよう命令した。まず、第九戦区主力の第四四軍を瀏陽、第四軍を長沙と岳麓山にそれぞれ配置し、第二七、第三〇集団軍は前線の陣地で敵の攻撃を加えながら、平江および瀏陽方面に移動する。第三七軍も汨水付近で抵抗しながら瀏陽方面に進む。そして、第五八軍も瀏陽以南の地区に置く。すなわち、第三師団に対しては、前線で抵抗しつつ、瀏陽まで誘《おび》き寄せ、そこで決戦を挑む計画であった。

崇陽を発《た》った第三師団各作戦部隊は、敵部隊の抵抗を受けつつ南下、六月二日、汨水中流を渡りきり、撈刀河右岸の線まで前進する。この頃から、上空には再び米軍機が現れ、防備が手薄になる渡河の際に銃撃を受けた（『騎兵第三聯隊史』）。

また、汨水から第三師団に抵抗を続けていた第三七軍も瀏陽付近に撤退し、作戦どおり彼らを誘き寄せていく（『第三師団通信隊誌』）。

**瀏陽攻略**

南側に瀏陽河右岸が接する瀏陽は、北西側に第四四軍と第三七軍がすでに強固な陣地を構築し、北側の山地には縦に四層にも続く陣地線が設置されていた。さらに、上空には米軍機数機が顔をのぞかせていて（同右）、第三師団にとっては、きわめて危険な攻略戦であった。

六月一〇日、山本第三師団長の号令のもと、第三師団作戦部隊は、各聯隊を左から第六、騎兵、野砲兵、第六八、第三四の順に並べ、一斉に瀏陽城に向けて進撃を始めた。

作戦部隊の真ん中を進む騎兵第三聯隊は、六月一一日夜、焦鶏舗《しょうけいほ》という集落に着く。ここは山地に挟まれた水田地帯であった。彼らはここを警戒して進むと、「ややしばらくして、前方に大地をゆるがすばかりの炸裂《さくれつ》音がした。途端右方山頂より機銃の一斉掃射が始まった。足元の水田に飛沫《しぶき》が飛び散った。

部隊は左の台地に退避するよう命令があった。部隊は先を争って右方《ママ》台地に退避した。部隊は取急ぎ所在の寺院に集結した。尖兵斥候《せんぺいせっこう》（斥候長高島《たかしま》軍曹）の一人が地雷に触れて爆死したとのこと。先の炸裂音はそれであった。ここにおいて聯隊長宮崎大佐は、一時前進を中止し専ら死体の収容に全力を傾注するよう命じた」（『騎兵第三聯隊史』）。

その後、騎兵第三聯隊は地雷と山地に点在する敵トーチカからの機銃掃射に注意しながら前進し、一三日夕方、瀏陽城西側の西湖山で敵部隊と衝突した。日中両軍はどちらも迫撃砲や機関銃を撃ち合い、「彼我の轟音《ごうおん》・炸裂閃光《せんこう》は中天にこだまして、その壮絶さはこの世のものとは思われないほどであった」（同右）という。結局、その夜、騎兵第三聯隊は西湖山の敵陣地に夜襲をかけ、これを占領したのであった。

最左を進む歩兵第六聯隊も、騎兵第三聯隊と同じく、敵の猛烈な機銃掃射に負傷者を出しながら前進していた。一二日、竜子橋という地点の高地を占領する。このとき、彼らは「この付近にて蜂の巣を発見、蜂密《ママ》にありついた。久し振りの甘味に一同舌鼓をうった。兵はどんなに疲労していても戦斗間を利用し物資の収集に努力した」（「第六中隊瀏陽会戦における奮戦」、『歩兵第六聯隊歴史・追録』所収）という。

前述のとおり、食料など補給物資は、岳州に山積みにされていた。しかし、この頃から早くも後方との補給線が途切れ、食料は現地調達で賄うようにとの命令が発せられていたのだ（『輜重兵第三聯隊第二中隊史』）。よって、彼ら作戦部隊将兵は、戦闘のないときは、近くの田畑や集落を襲い、食料を奪い続けていかなければならなくなったのである。

なお、第三師団衛生隊で小隊長を務めていた鈴木勤（野砲兵第三聯隊から転属）の回想によると、ある兵が古い缶を持ってきたので鈴木が尋ねたところ、「聞けば空腹に耐えかね、民家を探し、押収紙幣を渡し難民の雑炊をもらってきたと、見れば雑草に雑魚《ざこ》入れた雑炊、塩気も味も何も無いが、空腹の為みなで分け合って食べた」（「昭和十九年五月・湘桂作戦　包囲網を突破・脱出」）とあり、押収した紙幣で食料を購入した場合もあった。

一三日、歩兵第六聯隊は、瀏陽城付近まで到達、攻撃を開始したが敵の猛反撃を受け、いったん退く。翌一四日、「夜明けとともに前日の道を再び反転、河沿いに瀏陽へ向う。昨日と同様、第六中隊後藤小隊尖兵。昨日、苦戦した地点に到るも敵影を認めず、無血にて十時頃瀏陽へ入城した。まだ、他部隊の入城した形勢もなく、物資豊富にあり、砂糖、菓子等を多量に補給することが出来た」（「第六中隊瀏陽会戦における奮戦」、『歩兵第六聯隊歴史・追録』所収）。

このように、湘桂作戦における第三師団作戦部隊の最初の戦いは、あっけなく終わった。なお、この瀏陽攻略戦で、第三師団は第九戦区部隊と壮絶な火器の撃ち合いを繰り広げた結果、保有弾薬の半分を使い切ってしまっている（『第三師団通信隊誌』）。

瀏陽攻略戦と並行して、第三四師団と第五八師団は、長沙と岳麓山の攻略を実施。一八日までに両地の敵部隊を撃退し、占領した。

以上のように、京漢作戦から続く一号作戦の湘桂作戦は、順調な滑り出しであった。しかし、それもつかの間、六月一六日未明、四川省成都の飛行場を飛び立ったB－29重爆撃機など、米空軍編隊計六八機が北九州の八幡製鉄所付近を空爆する（八幡《やはた》空襲）。成都と北九州の間の距離は往復で約五二〇〇キロあったが、B－29の航続距離は六〇〇〇キロ以上あり、爆薬を満載しても問題なく往復することができたのだ。この空襲は、インドと中国の飛行場を起点に、長距離高高度のB－29の編隊を使って日本各地を空襲する、マッターホルン作戦の第一弾として行われた（『湖南の会戦』）。

本来、一号作戦の目的は、中国西南部の飛行場を攻撃し、米空軍の日本本土空襲を阻むことであった。しかし、それよりも奥地の四川省から日本本土が襲われたことにより、日本軍はさらに戦線を拡大させる必要に迫られたのである。

## 現地調達で奪われていく食料

第一一軍は、湖南省の要衝であった長沙を落とすと、第六八師団と追走してきた第一一六師団に対し、そのまま粤漢線を伝って前進し、沿線の衡陽を占領するよう命じる。衡陽は、湖南省南部の主要都市で、柳州まで続く湘桂線の起点でもあった。

一方、第三師団は、瀏陽占領後、第一三師団とともに南へ進軍し、六月二八日、江西省との境にほど近い萍株線《ひょうしゅせん》（江西省萍郷《ひょうごう》―株州）沿線の醴陵《れいりょう》まで至った（『第三師団通信隊誌』）。彼らが醴陵まで進んだ目的は、ここが長沙陥落後の第九戦区の反攻の拠点のひとつとなっていたためである。実際に醴陵付近には、第九戦区の主力部隊が陣地を構えていた。彼らは日本軍に抵抗しながら退くことで、敵を深入りさせて反撃するという、従来の作戦を実行した（『中国抗日戦争正面戦場作戦記　下』）。第三師団は、知らないうちに第九戦区の術中にはまっていたのだ。

さらに、七月二日、第三師団は醴陵から南に七〇キロ余りのところにあった攸県《ゆうけん》と茶陵《ちゃりょう》に向けて進撃を開始した。同師団が作戦を開始した崇陽から茶陵までは、距離にしておよそ三〇〇キロ。後方からの補給線はすでに途切れ、初夏からの猛暑も重なり、将兵らの疲労も徐々に限界に達しつつあった。

輜重兵《しちょう》第三聯隊木下分隊に配属された、第三師団通信隊上等兵の伊東外次《いとうそとじ》が、当時を振り返る。

十九年の初夏、私たちは連日の日照りと、立ち昇る草いきれに喘《あえ》ぎながら、毎日四十粁《キロ》にも及ぶ行軍を続けていた。果てしなく広がる湖南省の丘陵地帯には、太陽の光を遮る一樹とてない。汗は衣服を水浸しのようにし、背嚢《はいのう》までも貫いた。やがて体内の水分が噴きでてしまうと、顔一面に真白な塩が結晶となってこびりつく。行軍は午後に入ると更に苦しく、足はむくんで宿舎で編上靴が脱げないほどだ。どこに足へ回るだけの水分が残っていたのか不思議に思う。(伊東外次「巴旦杏腹」、『第三師団通信隊誌』所収)

伊東は木下分隊で炊事を任された。当然すでに分隊に食料はない。

分隊の食糧はすべて現地調達で、主として分隊長と伊藤上等兵が調達されていた。が、他部隊が既に通った後の部落では食糧が全くなく、やむなく分隊総出で田圃の稲を刈る。籾《もみ》は一たん支那馬に積み、次の宿営地で籾摺《す》り、また次の地で精米と、道具を見つけながら日を追って米に仕上げていった。

野菜はほとんど見当たらず、僅《わず》かに鶏跨《とりまた》という鶏に食わせる菜っ葉が見つかる程度。

反対に鶏と豚は適当な時、適当な場所に現れて炊事班長殿を喜ばせた。調味料は、当初、砂糖、粉末醤油《しょうゆ》、味噌《みそ》など豊富だったが、それも切れて久しく、今は岩塩と豚の脂だけだ。が、乏しい材料と調味料を使って作られる伊藤上等兵の〝焦げ飯コロッケ〟と〝ハヤシライス〟はすこぶる付きのご馳走《ちそう》だった。（同右）

後方から補給が途絶えていたとはいえ、やはり「湖広熟すれば、天下足る」と謳《うた》われた湖南省だけあって、行く先々で現地調達をすれば、最低限の食料は手に入れることができた。さらに、伊藤のような腕に自信のある担当者が工夫して調理をすれば、評判の料理にまでありつくことができた。

これと同じときに行われていたインパール作戦で、飢えに苦しんでいたビルマ方面軍の将兵と比べ、第一期湘桂作戦の彼らはいかに食料に恵まれていたことか。

しかし、湘桂作戦に第二七師団の中隊長として参加していた藤原彰《ふじわらあきら》の証言からは、戦場の別の様子がうかがい知れる。藤原は戦後、一橋大学社会学部教授となり、戦前の日本軍国主義や日本軍の戦争犯罪に関する研究で知られる歴史学者となる。

藤原の部隊は、第三師団の後方で兵站《へいたん》線となる自動車道路の補修作業にあたっていた。すでに彼の部隊は食料が欠乏していたが、「はじめから補給の計画はなくて、徴発に頼れということだったのかもしれない。ところが徴発の結果はゼロだった。この地域はたびたび戦場となっているうえに、戦争慣れした第三、第十三両師団が荒らしたあとだったので、食べられるものなど何一つ残っていなかったのである。肉体的苦労と栄養不足は、その後に多数の栄養失調患者を出す原因となったと思われる」(『中国戦線従軍記』)。

すなわち、湘桂作戦で食料を現地調達で得ることができたのは、第三師団など最前線の部隊だけであり、後続の部隊には補給もなく、戦地にも食料が残っておらず、インパール作戦に挑む将兵と同じく、常に飢餓に苛《さいな》まれていたのだ。

## 戦線拡大による限界点

いくら湖南省が食料に豊富で、現地調達で飢えを凌《しの》げたとしても、食料とともに戦いに必須の弾薬は、後方からの補給に頼らざるを得ない。もし、幸いに鹵獲品で弾薬が手に入っても、火器の種類や形態によっては使用できない。前述のとおり、第三師団は瀏陽攻略戦で、所有していた弾薬の半分を消費しており、後方からの補充がない限り、弾薬は底をつき、作戦遂行が困難となった。

例えば、第三師団司令部と行動をともにしていた歩兵第六聯隊第六中隊は、七月一二日、川を渡って茶陵に向かう途中で、中国軍から射撃を受けた。このとき、「敵弾薬の豊富なのに比し、友軍の弾薬は乏しく、小銃弾一人当り一五発、野砲隊は、自爆用弾薬として数発残すのみである。重火器の支援なしで歩兵中隊のみで我に数倍する敵に肉弾突撃すること能《あた》わず苦境に陥った。この苦戦中に山内伍長は頭部貫通銃創により壮烈な戦死、大脇《おおわき》上等兵以下数名負傷（大脇は後日、戦傷死）し攻撃挫折《ざせつ》、師団命令により一五時、渡河点まで撤退することになった」（「攸県附近の撃滅戦における師団直轄第六中隊の活躍」、『歩兵第六聯隊歴史・追録』所収）。また、上空には米軍機が飛来し、師団司令部に攻撃を加えたため、彼らは進路を変え、茶陵方面に進むことを断念している。

攸県から三〇キロほど南の安仁《あんじん》に進んだ歩兵第六八聯隊では、弾薬だけでなく、現地調達で手に入ると思われた食料もなく苦しんだ。同隊に配属された、第三師団通信隊の桜井幸男は言う。

　厳しい暑さの中、終日変化のない苦戦が続き敵の動きも望見され、わが軍の一連射に対し敵から数連射のお返しがくる。わが軍は弾丸の激しい消耗に対し補給が続かぬ。私たちは携帯する弾丸を二発手許《てもと》に残し、残余を歩兵に供出する。また、兵員の損耗甚《はなはだ》しく、私たち通信隊員も分哨《ぶんしょう》勤務に動員される。

　膠着状態《こうちやく》が続くうち遂に食糧が欠乏してきた。手持ちの携帯食糧が底をつき、私たちはいよいよ焦燥感に駆られる。設営地周辺には青々とした稲があるが、民家には食糧らしきものは殆《ほとん》ど見当らない。懸命に物色しても得るものもなく、暑さと空腹との闘いに精気は身体から抜け、動作は緩慢になっていった。

ある日偶然、民家の屋根裏で黒い豆を見つける。食糧が見つかったことで大喜び、早速、石油缶の鍋《なべ》に入れ、粥《かゆ》になるほどの軟かさに煮てみんなで空腹を満たした。ところが、全員思わぬ下痢にさいなまれる。大豆と思って食べた黒い豆は、灯油《マ》の原料《マ》（梧桐《ごとう》の実）だった。（「黒い豆」、『第三師団通信隊誌』所収）

落葉樹アオギリの種子である梧桐（梧桐子）が灯油の原料として利用されたのかは不明だが、梧桐は古くから薬草のひとつとして下痢をもたらす場合があった。桜井らは、これまでの疲労と空腹に加え、梧桐を誤食したことによる下痢によって極度に衰弱し、まもなく彼の仲間の兵二人が相次いで亡くなった。

炎天のもと、下痢を繰り返した兵は、脱水症状を引き起こし、戦地の汚れた水であっても気にせず飲んだ。その結果、アメーバ赤痢やマラリアなどの伝染病に襲われる。九月、湖南省南部の道県《どうけん》まで進んだ前述の伊東も、それに苦しんだひとりであった。

道県へ着く頃、今度は私がおかしくなった。三日熱の完全なマラリヤだ。三日目がくるとゾクゾクと悪寒がし、体は震え、節々が痛くなる。四十度近い熱発がしばらく続くと、凄《すご》い汗が流れ、体から湯気が立つようになる。そうすると熱は下がるが後の虚脱感は堪《た》まらないものだ。（引用者略）

ある朝、宿営地へ着くと同時に私は熱発、例の定期便だ。民家の片隅で毛布を被《かぶ》り震えていた。が、熱に浮かされ、私が急にムック《ママ》と起き、宿舎前のクリークの中へ入っていこうとしたらしい。鈴木兵長が私を訝《いぶか》り「ソトッ、どこへ行くッ」、私が「お袋が一升瓶に水を入れて、そこまで持ってきていますから行ってきます」と言ったらしい。途端、凄いビンタの音がし、私はハッと正気に返り、どうなっていたかと自問自答しながらまた毛布を被って横になった。あの時、鈴木兵長が一発活を入れてくれていなかったら、私はどうなっていただろうか。死に神が、案外身近《ママ》かに忍び寄っていることを知り慄然《りつぜん》となる。（「見えざる敵」、同右）

マラリアの高熱で幻覚を見ていた伊東は、異変に気づいた鈴木兵長によって、間一髪のところで命を救われたのであった。

極度の衰弱と伝染病に見舞われたのは、なにも前線の兵だけではない。七月下旬、湖南省来陽《らいよう》に到着した第三師団通信隊本部衛生班の加藤睦広《かとうむつひろ》の経験を見てみよう。なお、彼らが作戦を開始した湖北省応山から来陽までは、直線距離で約三五〇キロあった。

駐留もやがて終りが近づき、再び行軍が始まろうとしたある日、応山から初年兵が到着したという。私たちは、かねて十九年補充兵四十八名が応山を発ち、本隊を追及中と聞かされていたので、十八年兵の私も古年兵になれるぞ、と内心嬉《うれ》しく、彼等の到着を待っていたのである。

しかし、到着した初年兵は僅かに五名だけで、しかも疲労衰弱した者ばかりで、期待していた私たちを落胆させた。が彼等の話を逐一聞いてみると、彼等は元気に応山を出発したものの年配者が多く、そのうえ折柄《おりから》の猛暑をおかしての強行軍の連続に、一人落ち、二人遅れと次第に落伍者が増え、遂に五名だけになったとのことで、いわば到着した彼等五名は中でも頑健だった部類に属する者たちなのである。（引用者略）

検査の結果、四名は栄養不良であって、十分な休養を与えれば回復するものと判断されたが、残る一名は赤痢の容疑が濃厚であった。聞き糺《ただ》すと彼は、来陽到着三日前頃から下痢に加えて血便が混じるようになり、また、食べ物は重湯さえ受け付けない容態とのことである。赤痢患者の彼を直ちに他の者から隔離し、私が彼に付き添い看護するこ

とになった。（「短夜寂寥」、同右）

太平洋戦争が開戦すると、日本は戦争で減少する兵力と労働力を確保するため、いわゆる「根こそぎ動員」といわれる総動員態勢を敷いた。特に一九四三年以降、朝鮮半島での徴兵、学徒出陣、国民兵役を四〇歳から四五歳に延長、徴兵年齢の満二〇歳から一九歳への引き下げなどを実施。さらに、日本軍は予備役兵と補充兵の大量召集も行った（『昭和の歴史7』）。その結果、本来戦場に出ることのない年長者までも前線に送り込まれることとなったのである。しかし、彼らは事前にまともな訓練を受けていなかったばかりか、長い戦いに耐える体力もつけていなかったため、戦場にたどり着く前に次々と倒れ、命を落としていった。たとえ、現地調達で食料が手に入ったとしても、衰弱の果に病に冒された彼らは、それを口にすることすらできなかったのであった。

## インパール作戦の轍を踏まない

一九四四年九月末、衡陽から湘桂線を伝って前進した第一一軍の第一三、第四〇、第五八の三個師団は、零陵から広西省に入り、湘江上流の全県《ぜんけん》に至った。一方、第三師団は、零陵から南に下り、広西省境近くの道県に進出した。ここで、およそ四ヶ月余りに及んだ第一期湘桂作戦は終了し、ただちに、桂林と柳州の攻略を目的とした第二期作戦に入る。すでにこのとき、第三師団の作戦部隊の兵力は、中国軍との戦いと長い行軍による衰弱と伝染病によって、およそ半分にまで数を減らしていた（木股喜代治郎「湘桂作戦従軍記録」、『歩兵第六聯隊速射砲中隊戦史』所収）。

一〇月二八日、第三師団は軍命令を受けて、道県から都龐嶺山脈《とほうれいさんみゃく》に沿って南下し、広西省の平楽《へいらく》から荔浦《れいほ》へと進んで、柳州攻略の準備に当たることとなる。都龐嶺山脈は、華南の南嶺山脈《れいさんみゃく》（五嶺《ごれい》）のひとつで、湖南省と広西省を隔てる境界線である。その峰々は峻険《しゅんけん》で、古くから外敵の侵入を拒む天然の要害となっていた。

また、広西省を防衛する第四戦区（司令長官張発奎《ちょうはつけい》）は、軍事委員会の命令を受けて、衡陽が陥落した八月上旬から、すでに日本軍の広西省進攻を想定して、大規模な防衛態勢の構築を実施していた。

さらに、第四戦区は、新たに桂林方面軍（全九個師）、荔浦方面軍（全五個師）などを組織し、桂林と柳州方面に迫る日本軍に対抗させようとしたのである（『中国抗日戦争正面戦争作戦記　下』）。

このとき、第一一軍将兵の疲労はすでに限界を越え、補給もままならないなか、桂林と柳州で中国軍に対し、作戦最後の決戦を挑むことになったのである。

そもそも、第二期湘桂作戦が始まる前より、大本営や支那派遣軍の一部からすでに作戦の主目的を失い、かつ終わりの見えない一号作戦を中止すべしという議論が起きていた。すでに、西南方面ではインパール作戦が大失敗に終わっており、一号作戦もその轍《てつ》を踏むのではないかと懸念されていたのだ。

しかし、大本営はいったん正式命令を発した一号作戦を自ら中止することはできないとして、支那派遣軍から命令の中止を出してもらいたいと要請した。インパール作戦の失敗で体面を傷つけた大本営は、これ以上作戦の失敗を認めたくなかったのである。

支那派遣軍は九月末、今後の一号作戦の方針を確認するため、総参謀長の松井《まつい》太久郎《たくろう》中将を大本営に向かわせた。大本営側の多くが作戦継続に疑問を抱くなか、眞田作戦部長と服部作戦課長が松井に作戦遂行を強く主張したのだ。ふたりは中国西南部の米空軍基地を破壊しなければ、フィリピン方面の制空権を米軍に奪われることを恐れていた（『日中戦争全史下』）。

だが、そもそもふたりは一号作戦を立案した中心人物であり、作戦を中止させることは、自らの失敗を認めることになる。ふたりは、プライドやこれまで軍内で積み上げてきた実績を守るためにも一号作戦を続けなければならなかったのだ。

## 八路軍の南下

第二次湘桂作戦について見ていく前に、このときの中国共産党の動向に触れておく。前述のとおり、中国共産党は皖南事件後、新四軍を再建しつつ、日本軍や国民革命軍と三つ巴《どもえ》の戦いを繰り返しながら江南地区に抗日根拠地を建設していく。

苦境にあえいでいた中国共産党にとって、勢力挽回《ばんかい》の大きなチャンスとなったのが、一号作戦であった。日本軍が一号作戦で第三師団など華中にあった主力部隊を南下させたことで、八路軍と新四軍はその軍事的圧力から解放され、本格的な反撃に転じることができたのだ(宍戸寛「抗日戦争時期の八路軍、新四軍」、『中国八路軍、新四軍史』所収)。

一九四四年九月一日、中国共産党は第六期七中全会主席団会議で、延安の八路軍第一二〇師第三五九旅を南下支隊(八路軍独立第一遊撃支隊)に改編し、湖南省に抗日根拠地を設けて広東省の遊撃隊、東江《とうこう》縦隊と連携して全面的反攻の準備にあたることを決定した。

一一月九日、司令員の王震《おうしん》に率いられた南下支隊約四〇〇〇人は延安を出発し、鉄道路線を伝って第一一軍が過ぎていった湖南省を目指して南下した(『華中抗戦大紀実』)。ちなみに、王震は抗日戦やその後の国共内戦での活躍が認められ、中華人民共和国建国後、「八大元老」のひとりとして権力を振るい、一九八八年には国家副主席にまで登りつめる。

この王震の南下支隊とは別に、湖南省では現地の中国共産党員が遊撃隊を組織し、第一一軍の後方に現れてゲリラ戦を活発化させた。例えば、第三師団が攻略した瀏陽では、ふたつの遊撃隊が結成される。ひとつは党員の周訓化《しゅうくんか》が組織した兵士三〇人ほどの遊撃隊。もうひとつは、元新四軍排長（排は小隊に相当）の欧陽斌《おうようひん》を隊長とする洞陽《どうよう》遊撃隊である。後者は欧陽斌をはじめ、皖南事件で逃れた新四軍兵士が集結していたため規律が整い、かつ戦闘力が高かった。結成後まもなくして、洞陽遊撃隊は新四軍と連携し、湘鄂贛辺区《しょうがくかんへんく》抗日遊撃総隊所属の支隊として平江付近でゲリラ戦を展開したのである。

道県では、第三師団が進出する前の一九四四年七月、三つの遊撃隊が結成された。彼らはすでに道県を放棄した国民革命軍が残していった火器を集めて武装していた。その数は、迫撃砲四門、重機関銃五挺、軽機関銃三〇挺、歩兵銃約五〇〇丁、拳銃《けんじゅう》約一〇〇丁に及んだ。九月、第三師団が道県に入ると、遊撃隊は戦いを挑み、日本兵八人を倒した（『道県誌』）。

黄河を越えて前進を続けた南下支隊は、一九四五年一月、湖北省孝感の大悟山《だいごさん》で新四軍第五師と合流する。そして、湖南省に抗日根拠地を建設しながら、引き続き南下を続け、第一一軍の背後を脅かしていった。

### 柳州の戦い

再び第三師団に目を向けよう。彼らは第二次湘桂作戦でどのように戦ったのか。第一一軍の先頭を行く第三師団の歩兵第三四聯隊は、悪路と悪天候のなか、敵の襲撃を警戒しながら進む。しかし、数日間、特に戦闘らしい戦闘はなく、一一月二日、平楽に到着する。彼らの見た光景は、「ここは文字通り空室清野で敵軍はおろか住民の姿さえ見えず、街は無気味に静まり返り、ただ街に沿って流れる桂江《けいこう》だけが生き物のように渦巻いて流れていた」（『第三師団通信隊誌』）。

横山軍司令官は、平楽に中国軍がいないという報告を受けると、すでにその先の茘浦付近まで敵の大軍は存在しないと判断し、第三師団に対し、一挙に柳州に突撃するよう命じた（『歩兵第三十四聯隊史』）。

三日、第三四聯隊は、ただちに平楽を出発、桂江を難なく越え、茘浦城近くに置かれたトーチカを数人の負傷者を出しながら占領し、その日のうちに茘浦までたどり着く。

第一一軍司令部は、以上の戦況から、第四戦区が明らかに兵力を桂林方面に集中させていると確信したのであった。

第三四聯隊は、平楽と茘浦を落とし、その勢いのまま茘浦のさらに先の修仁《しゅうじん》を目指した。山間《やまあい》の隘路《あいろ》を進んでいた彼らは、ここでようやく敵軍の猛攻を浴びることとなったのである。この戦いで、第三四聯隊は、中井《なかい》第一大隊長をはじめ、多数の兵が戦死した（『騎兵第三聯隊史』）。

第四戦区は、茘浦方面軍に対し、平楽と茘浦付近で日本軍に抵抗して彼らを消耗させ、それができない場合は、修仁一帯の高地を確保して、彼らに攻撃を加えるよう命じていた。またもや日本軍は、第一期湘桂作戦のときと同様、中国軍の作戦に引っかかってしまったのだ。

また、第一一軍はたびたび上空に現れる中国軍機と米軍機に襲われた。中国側の記録によると、第一期湘桂作戦終盤の八月二二日から柳州の戦いが行われた一一月九日までに、戦闘機が一二四六回、爆撃機が一四〇回出撃し、応戦にきた日本軍機を三四機撃墜している（『中国抗日戦争正面戦争作戦記　下』）。そして、成都から出撃し、北九州を襲ったB－29は、その後も植民地を含む日本勢力圏上空に現れ、九月初めには、B－29九〇機が、満洲有数の製鉄所である鞍山《あんざん》製鉄所を爆撃した（『陸軍航空戦史』）。

第三四聯隊は、犠牲者を出しながら修仁を突破し、前進。一一月九日、柳州に注ぐ柳江の手前まで迫った。柳州は桂林と並ぶ広西省中部の中心都市である。市街地の中心部を柳江が流れ、左岸に政治経済の中心地があった。市内には第四戦区司令長官部が置かれ、郊外には柳州飛行場があった。

一一月一〇日早朝、第三四聯隊は、柳江を越えて、柳州市街地南側にあった馬鞍山《ばあんざん》を攻略、一部部隊を市街地へ、それ以外を柳州飛行場へ突入させた。そして、同隊の後ろに続いていた歩兵第六聯隊も、柳州飛行場へと進んだ。

第六聯隊に従って行軍していた速射砲中隊の木股喜代治郎によると、柳州飛行場に向かう道のりは次のようであったという。

大きな川を急造の門橋で渡り、只《ただ》爆発音のする方向に前進した。間も無く音も聞こえなくなり、水量の豊かな流れに沿って上流に急ぐ。漸く東の空が明るくなりかけた。二、三粁行くと広い道巾《はば》の両側に英語で書いた看板が続いていた。自分の読めるのではバー、キャバレー、ダンスホール位のものだが、此の町並が飛行場入口迄《まで》続いていた。(「湘桂作戦従軍記録」、『歩兵第六聯隊速射砲中隊戦史』所収)

木股は、柳州飛行場で決戦があると思い、玉砕覚悟で戦いに臨んだ。しかし、飛行場に着くと、敵兵の姿はすでになく、あっけなく占領してしまった。

一方、柳州市街地に突入した第三四聯隊は、市内で空き家となっていた張発奎《ちようはつけい》公館を占領し、列車で逃げ遅れた敵部隊と交戦した。同日夜、第三師団は第二期湘桂作戦の主目的であった柳州城と柳州飛行場の占領を達成する。また、同じ日、桂林も第四〇師団らの手によって陥落した。

その後も、第三師団は撤退する中国軍の後を追って、一二月初旬には広西省を抜け、貴州省南部にまで進んだ。また、第二期湘桂作戦開始とともに、広東省から広西省に向かって前進していた第二三軍が、一二月末、広西省南部の南寧《なんねい》を占領した。

これにより、京漢作戦から始まった、およそ八ヶ月に及ぶ一号作戦は終了した。一号作戦の目的であった日本本土空襲を阻止するための敵飛行場の占領は、たしかに達成された。だが、すでにさらに奥地の飛行場から次々とＢ－29が飛び立ち、日本本土を襲っていた。また、中国南北を貫く鉄道の確保についても、中国軍は日本軍の戦略を知ったうえで、撤退に際し、レールをすべて剥《は》ぎ取り、鉄橋を徹底的に破壊して、日本軍が利用できないようにしていた。

第三師団をはじめ、第一一軍の将兵が命がけで戦い抜いた一号作戦は、結局、劣勢な戦況を打開できずに終わったのだ。

# おわりに

## 反転の途上で受けた作戦中止命令

一九四五年八月一五日の昭和天皇の「玉音放送」は日本国内だけでなく、中国戦線など戦地でもラジオを通して報じられた。南京でこの放送を聞いた支那派遣軍総司令官の岡村寧次《おかむらやすじ》大将（四四年一一月、畑総司令官の後任として着任）は、派遣軍将兵に訓示を発し、終戦を迎えたことを告げるとともに、「派遣軍将兵宜《よろ》しく闘魂を銷磨《しょうま》することなく、愈々《いよいよ》厳粛なる軍紀の下鉄石の団結を堅持し、一途の方針に基づき夫々《それぞれ》新任務の完遂に邁進《まいしん》すべし」と、戦闘が終わっても次の命令があるまで部隊をそのまま維持するよう命じた。そして、翌一六日をもって積極作戦を中止し、即時戦闘行為を停止させたのである。

第三師団司令部は、江西省北部、南潯線《なんじん》（九江―南昌）沿線の徳安《とくあん》で岡村の命令を受ける（司令部先遣隊は一四日に江蘇省《こうそ》鎮江《ちんこう》に到着）。第三師団は、一号作戦終了後、引き続き柳州周辺に駐屯し、残存する中国軍の掃討にあたっていた。支那派遣軍は、一号作戦で中国奥地の敵飛行基地撃滅が達成できなかったため、一九四五年三月から五月初めにかけて、同じく飛行場のある湖北省老河口《ろうかこう》と芷江《しこう》付近を攻略する作戦を実施する。第三師団は、第一一軍のほかの師団とともにこれらの作戦を側面から支援した。

この頃、太平洋戦線（『昭和の歴史7』）では、一九四五年二月一九日に、米軍が小笠原諸島の硫黄島《いおうとう》に上陸、同島を守る小笠原兵団と一ヶ月近くに及ぶ激しい戦闘の末、三月一七日、これを占領。小笠原兵団長の栗林忠道《くりばやしただみち》中将は、同島陥落後も生き残り、二六日、部下およそ八〇〇人と最後の総攻撃を仕掛け「玉砕」したのであった。

また、硫黄島が占領される一週間前の三月一〇日、ミクロネシアのマリアナ基地から飛び立ったB-29の編隊が東京を空襲する。「東京大空襲」といわれるこの無差別爆撃で、首都の約四〇パーセントにあたる四〇平方キロメートルが被害を受け、二六万七一七一戸が焼失、約八万から一〇万人が亡くなった（『大系 日本の歴史14』）。

さらに、四月一日、米軍が沖縄本島《おきなわほんとう》に上陸し、住民を巻き込んだ壮絶な戦いが起きる。六月二三日、沖縄を守備した第三二軍司令官の牛島満《うしじまみつる》中将らの自決をもって、日本軍の組織的抵抗は終わった。しかし、その後も日本軍将兵や県民による散発的な抵抗が終戦後の一〇月頃まで続く。沖縄戦での日本側の死者数は兵員と軍属が約八万五〇〇〇人、非戦闘員である住民および戦闘協力者が兵員らを上回る約九万四〇〇〇人に達した。

米軍が沖縄まで前進し、そのまま中国本土まで近づいて上陸することが予想されたことから、広西省と貴州省南部に展開していた第一一軍は、軍命令に基づき、五月二日、現在実行しているすべての作戦を終了。米軍の中国本土上陸を阻止するため、南京方面への転進を命じられた（湘桂反転作戦）。第一一軍は、まるですごろくでふりだしに戻されるかのように、一号作戦で八ヶ月かけて進んだ道を敵の追撃をかわしながら後戻りしていったのである。第三師団司令部が徳安で作戦中止命令を受けたのは、まさにこの反転の途上であった。

### 終戦を迎えた第三師団

第三師団の将兵は、終戦をどのように受け止めたのだろうか。

八月一六日、歩兵第六聯隊《れんたい》速射砲中隊は、以前第一一軍司令部のあった岳州にいた。同隊所属の木股喜代治郎によると、この二日前より飛来する敵機から攻撃を受けなくなり、守備をしている日本兵に聞くと戦争が終わったという。

一六日早朝、木股ら兵員は洞庭湖を見下ろす丘の上で、聯隊本部に行った中隊幹部の帰りを待っていた。そのとき、「桂林、柳州の飛行場は既に敵の手中に在り、昼夜を問わず米軍機の来襲は執拗《しつよう》に繰り返えされ、我々の夜行軍と言えども沿道住民の米軍協力に依《よ》り決して安全ではなかった。それなのに早朝から飛来する敵機に警戒もせず、丸坊主の草原の丘に集合する事は出来ない筈《はず》なのにと思えば、矢張り戦いは終ったのかと思うと、今迄《まで》張りつめていた気持ちが一度に抜けてしまい、生い茂る夏草の上に腰を下ろした」(「無条件降伏」、『歩兵第六聯隊速射砲中隊戦史』所収)。木股は、終戦の知らせを聞くことなく、米軍機の動きの変化から戦争が終わったことを感じ取っていたのである。

まもなく、中隊幹部が戻り、木股ら中隊将兵を整列させ、中隊長の合図のもと、日本の方角に向かって最敬礼をし、終戦を迎えた。

八月一五日、歩兵第六八聯隊は、長江下流に面する江西省九江に到達する。この日、同隊のある兵が九江城内に入ると、出迎えた日本居留民の婦人会の様子がおかしいことに気づく。まもなく、道端で出会った聯隊の将校から日本が降伏したことを知らされたのだ。兵は、「『馬鹿なことあるものか、敵のデマ放送だろう』と言い返したものの、全身の力が抜けていくような気がしたり、複雑な気持ちが入りまじって、呆然《ぼうぜん》と立ちどまってしまった」(「終戦と復員」、『歩68五中隊戦史』所収)。

日本の勝利を信じて、長く中国戦線で戦ってきた彼らにとって、終戦の知らせはまさに青天の霹靂《へきれき》であったのだ。

第三師団通信隊の小木曽鋼蔵は、八月一五日頃、大家店《だいかてん》という集落に着いた。夜に仮眠を取っていると、小木曽は日本が降伏したという声を耳にし、目を覚ます。彼ははじめ、それがデマではないかと疑ったが、「私たちは、日本が負けたことをどうして知ったか定かではない。昨夜の機関車が指令伝達のため走ったとか、大家店の警備兵が敵の飛行機が撒《ま》いたビラを拾ったとか、いずれも日本が負けたという結論ばかりだった。途端に今まで張り詰めていた気持ちが一ペンに萎《しぼ》み、一瞬、皆の声が跡絶《とだ》える。

しばらくして、『これで内地へ帰れるぞ』と、私が口を切ると、みんなが思い思いのことを話しだす。ある者は、もう内地に帰ったような口振りで話し一同を笑わす。が一方では、中国軍がそんなに簡単に帰すだろうか、と心配する者もいた」（「終戦前後」、『第三師団通信隊誌』所収）。

反転作戦の途中であった小木曽らにとっても、日本降伏の知らせは寝耳に水のことであったろう。しかし、終戦が事実であることを知ると、彼の周りに一気に安堵《あんど》感が広がった。その一方で、兵のなかには中国軍に不信感を持ち、すぐに帰国できるか疑問を抱く者もいた。

ところで、第三師団将兵が終戦を知った頃、ソ満国境では、満洲に進入してきたソ連軍が日本軍を武装解除し、帰国させると騙《だま》して、彼らを鉄道でシベリアへ送った（シベリア抑留）。これと同じく、中国本土でも戦いに勝利した中国軍が日本軍将兵を捕らえて武装解除し、身柄を拘束するなどの措置を採ることも可能であったはずである。なぜ、中国本土ではそのようなことが起きていなかったのか。

八月一五日、蔣介石は重慶で「全国軍民および世界人士に告げる書」を発表した（『蔣介石全伝』）。このなかで、彼は抗戦勝利を宣言するとともに、次のように述べて、日本側に報復しないことを表明したのだ。

私たちは特に報復をしようと考えてはおらず、また、敵国の無辜《むこ》の人々に屈辱を加えようともしない。私たちはただ彼らが日本軍国主義の愚かな行為と抑圧を受けていることに同情を表し、彼ら自身に誤りと罪を打破させるのである。もし、私たちが暴行でもって敵のこれまでの暴行に応《こた》えるのであれば、敵はこれまでの誤りと優越感で屈辱的に対応するであろう。互いに恨みを恨みで報い合うのは、永遠に止めなければならない。

（同右）

そして、蔣介石は岡村総司令官に対し、今後日本軍は連合国中国戦区陸軍総司令の何応欽《かおうきん》の指示に従い、しばらくの間、武装と装備を保持し、所在地の秩序と交通を維持するよう命じたのである。なぜ、蔣介石は日本軍をすぐに武装解除させなかったのか。それは、日本軍をしばらく留《とど》めておくことで、すでに強大な勢力となっていた八路軍の動きを抑えるためであった。

ちなみに、蔣介石と何応欽を含む蔣の側近の幹部たちは、その多くが若い頃日本に留学し、陸軍士官学校や各地の聯隊で訓練を受けた経験を持っていた。これが縁で、彼らは敵として戦っていた岡村総司令官をはじめとする日本陸軍の将校らと実は親しかったのである。

これにまつわるひとつのエピソードがある。終戦後まもない八月二一日、支那派遣軍総参謀副長を務めていた今井《いまい》武夫《たけお》少将は、中国との停戦協定の予備会談に臨むため、芷江に向かった（芷江会談）。このとき、会場には陸軍士官学校の入校試験のときに今井の面接を受けた中国側将校がおり、会談に際し、陸士時代の教官でもある今井に失礼がないよう、上下の立場のない丸テーブルで話し合いを開く準備をしたという（今井貞夫「『幻の日中和平工作』を執筆して」、『中国21』Ｖｏｌ．31所収）。

このように、現地日中両軍トップ同士の親しい関係が、中国本土の日本軍が平和裡《り》に終戦を迎えられた要因のひとつであったといえよう。

### 抑留から復員へ

様々な思いのなか、終戦という事実を受け入れた第三師団将兵は、その後どのようにして復員したか。

九月一日、岡村総司令官は、中国側に五項目からなる「停戦協定に関する事前稟議《りんぎ》事項」

を申し入れた（『昭和二十年の支那派遣軍〈2〉』）。その五項目とは、およそ次のとおりである。一、武装解除には応じるが、現地に長期滞留する間は自衛上最低限の兵器の携帯を認めてほしい。二、遅くとも本年中に中国からの撤兵を完了したい。その場合の輸送船舶の常時使用にも配慮してほしい。三、補給品は現在日本軍が保有しているものは、そのまま使い、不足した場合は中国側から補給を受けたい。四、最後まで日本軍の統率組織を活用し、中国側の要求は、すべて日本側の責任で処理する。五、日本居留民は日本軍が同行保護し、優先的に帰国させたい。

一方で、岡村は、派遣軍各部隊に対し、復員のため、塘沽《タンクー》、青島《チンタオ》、連雲《れんうん》（連雲港《れんうんこう》）、上海、南京、九江、漢口、汕頭《スワトウ》、広州、九龍、雷州《らいしゅう》などに集まり、人員整理や検疫など復員に向けた準備を整えるよう命じた。

すでに、第三師団は隷下各部隊に軍旗と重要書類の処分をしたうえで、鎮江へ集結するよう命じていた。鎮江は滬寧《こねい》線（上海―南京）沿線で長江に面していて、復員をするには都合のよい場所であった。また、この地は、かつて第三師団が第二次上海事変後に駐留したことのある馴染《なじ》み深いところでもある。九月六日、すべての部隊が鎮江に到着すると、国民革命軍の監視下に置かれ、復員まで同地の集中営《しゅうちゅうえい》（強制収容所）で抑留されることとなる。

彼らは集中営でどのように過ごしたか。騎兵第三聯隊の場合を例にまとめる（『騎兵第三聯隊史』)。彼らが収容されたのは、鎮江西郊外の丘の上に建つ、かつて華中蚕糸公司が使用していた建物であった。二階建てのレンガ造りで、一階には聯隊本部、聯隊長室、霊安室(英霊奉安室)、医務室、入浴場、二階には第二中隊が入り、敷地内の平屋建ては第一中隊や機関銃小隊が使い、そのほかにも、炊事場、糧秣《りようまつ》倉庫、製パン工場、理髪室などが設けられた。建物の北側にクリークが流れており、その水を飲用水とした。

まず彼らが着手したのが、食料の確保である。鎮江近くの長江沿いにあった兵站《へいたん》倉庫に食料があり、そこからおよそ二年分の食料を手にすることができた。このほかに、集中営周辺に自生していた野菜を収穫したり、食用の豚を飼育したりして、栄養の不足を補ったのである。

衛生管理は、伝染病の発生を特に注意し、飲用水が汚染されないよう、クリークの管理を徹底した。しかし、それでも聯隊内でアメーバ赤痢のような症状を訴える患者が発生してしまった。戦争が終わってから日が浅く、食料が充分にあったとしても、彼らにはまだ病に耐えるだけの栄養は行き届いていなかったのだ。

一〇月になると、聯隊将兵は全員、中国軍によって武装解除されるとともに、道路補修の労役に動員された。一回の作業は、期間が約一週間から長くて約一ヶ月、将校か下士官の指揮のもと、およそ一五〇人からなる作業隊を組織して行く。

労役の合間には、将兵らが復員後、民主化された日本に適応できるよう、聯隊本部で民主主義教育が施された。この教育が、聯隊本部の自発的なものであったのか、あるいは連合国の指導によるものであったのかは不明である。また、各部隊事務室では、復員に伴う書類の作成が行われた。このとき、すでにあった書類に記されていた「支那」という文字が「中華民国」に書き改められる。戦前より、日本人は「支那」ということばを差別的に扱って中国を侮蔑《ぶべつ》していた。戦争が終わり、日本が戦前の軍国主義から戦後の民主主義の社会へと生まれ変わるなかで、対立の温床となったことばによる差別や偏見は捨て去る必要があったのである。

いつ復員できるかわからないなかで、集中営での抑留生活で沈滞した将兵らの気持ちを奮い立たせるために開催された行事が、演芸会と運動会であった。演芸会は各中隊総出で歌謡曲漫才やコント、時代劇などを披露した。運動会では、中隊同士の対抗戦で、俵担ぎ競争、走り高跳び、走り幅跳び、三〇〇メートルリレー、角力《すもう》(相撲)などが催される。将兵らは、これら行事の本番に向けて余暇の時間に練習を重ねた。この時が彼らにとって、抑留生活の虚《むな》しさを忘れさせてくれる瞬間でもあった。

抑留生活開始からおよそ五ヶ月たった一九四六年二月九日、騎兵第三聯隊は、復員のため、鎮江集中営から鉄道で上海へ移動する。すでに上海は、復員船を待つ多くの日本兵でごった返していた。結局、騎兵第三聯隊は、そこから約一ヶ月間、上海日華紡績宿舎で待機し、三月五日、呉淞港から復員船に乗船、上海を後にする。

第三師団のそのほかの部隊も続々と復員し、五月二三日、辰巳《たつみ》栄一《えいいち》師団長以下五七五人が博多《はかた》港に到着したことをもって、上海呉淞上陸から始まった九年九ヶ月に及ぶ第三師団の日中戦争はここに幕を閉じた。

## 後期日中戦争が明らかにしたこと

日中戦争の特徴を太平洋戦争開戦前後で比べると、後半は作戦の大半が、太平洋戦線の展開に大きく影響を受けながら立案、実施されている。本書で取り上げた作戦だけ見ても、第二次長沙作戦は、香港作戦を容易にするための陽動作戦、浙贛作戦はドーリットル空襲の反撃、一号作戦、特に湘桂作戦は米空軍による本土空襲を防止するための中国南西部敵飛行場攻撃が、それぞれの目的であった。また、江南作戦や常徳作戦も太平洋戦争の戦局悪化で中止された重慶進攻の五号作戦の代わりに行われたもので、間接的に太平洋戦争の影響を受けていた。これらの作戦は、中国軍の撃滅と占領地の維持だけに専念していた太平洋戦争以前の日中戦争では、実行されなかったであろう。

太平洋戦争に引きずり込まれた中国戦線は、国民政府のある中国奥地の重慶方面へ進むよりも、南方戦線に近い中国南部から西南部方面へと広がった。まさに、日中戦争はゴールの見えない果てなき戦いとなったのである。

後期日中戦争は、なぜそれほど混迷したのか。その主たる要因のひとつは、日本が日中戦争に明確な目的を示せなかったことである。そもそも、日中戦争は盧溝橋での日中両軍の偶発的な衝突から始まった。その前の満洲事変からの中国侵略も、関東軍などの出先軍部の暴走であり、日本政府や陸軍中央が組織的計画によって行ったわけではない。

目的なく始まった日中戦争に、大義名分を形作るため、日本政府は「東亜新秩序の建設」を打ち出す。しかし、この抽象的な大義名分では、日中両軍の軍事衝突を止める効果はなく、日本は何ら解決の糸口を見出《みい》だせないまま、強国の米英を相手とする太平洋戦争までも始めた。

アジア太平洋戦争で、日本は太平洋戦争をいかに勝ち抜くかに忙殺され、日中戦争の解決は後回しにされた。支那派遣軍は国民政府を打倒して最終的に解決することを目指したが、その望みも結局は叶《かな》うことなく終わる。目的なき日中戦争を始めた時点で、日本の敗北は事実上決まっていたのだ。

この目的なき戦いに第三師団は終始翻弄《ほんろう》された。転戦に次ぐ転戦は、ついには日本から遠く離れた中国西南部の奥地にまで至った。そして、敵との戦いに加え、疲労と空腹、さらには伝染病の蔓延《まんえん》によって命が危険にさらされ、本来戦争がなければ落とすはずのなかった命を亡くしていったのである。

彼らの苦しみは戦争が終わってからも続く。七年間の戦いを終えて博多港に復員した第三師団衛生隊の鈴木勤は、自宅のある豊橋に戻るため、復員兵で混雑する列車に乗った（「激動の青春」）。列車が大阪に着くと、一般の乗客も混ざり車内は人であふれ返った。そして、どこからともなく兵に向けての罵声《ばせい》が飛び交った。「其《そ》の中で『兵隊の馬鹿野郎負けてきたくせに』等との暴言に殺気だっていた兵隊が、なにおブチ《ママ》殺してやると一時は騒然とした雰囲気であった。この暴言は五十年経った今尚《なお》忘れる事は出来ない痛恨の言葉としてのこっている」（同右）。

日中戦争が始まってから、日本の戦局に一喜一憂していた日本人は、命がけで戦って帰ってきた復員兵に情け容赦のないことばを浴びせたのだ。

豊橋駅で列車を降りた鈴木が見た光景は、灰燼《かいじん》に帰した故郷であった。豊橋は一九四五年六月一九日から二〇日にかけて、B－29による空襲で市街地中心部が一面焼け野原となっていた。

すべてが無くなった豊橋の町を、鈴木は自宅があると思われる方向に向かって歩いた。「空腹を抱え、家を探し我家についたのは丁度朝食時であった。生きて二度と会う事も無いと思っていた家族は、間違い無く眼のまえにいる、夢では無い、『只今《ただいま》』の言葉も出ないこんな感激は終生忘れる事は出来ないであろう」（同右）。

戦争は、当事国双方の国民に被害を与え、悲しみのどん底に突き落とす。日中戦争を起こした日本は、その行為を大いに反省しなければならない。その一方で、戦場で戦った兵たちもまた、大きな悲しみを抱えた。悲劇が悲劇を生む戦争を私たちは繰り返してはならない。

＊

私が本書を作ることを決めたきっかけは、友人との何気ない会話からであった。あるとき、私が日中戦争について調べていることを知った友人が「そういえば、太平洋戦争のときって日中戦争ってどうなってたんだっけ」と、不意に尋ねてきたのだ。いつもならば、満洲事変から盧溝橋事件、さらには武漢作戦までの一連の流れを事細かく話す私も、そのときは、自分でもおかしいと思うくらいたどたどしく説明をした。つまり、よくわかっていなかったのである。

早速、自宅に戻って本棚にある日中戦争に関する本を見たが、どれもこれも満洲事変が起きた原因や、それに中国側がどう立ち向かったのかという、日中戦争序盤についての考察はきわめて詳細になされている。しかし、友人が問いかけてきた後期日中戦争の出来事については、抜け落ちていた。また、太平洋戦争をテーマにした関連書も同様で、ごくわずかに記されているのみであった。このまま、この時期のことを知らずにいてよいのだろうか。そのような問題意識から、本書執筆に至ったのである。

手はじめに、二〇一七年一二月に「『忘れられた』四年間の日中戦争」（『一冊の本』Vol.22、No.12、朝日新聞出版、四九—五二頁）という小さなコラムを発表し、さらに検討を深めた。

本書の執筆は、一昨年の暮れ頃から始めた。それからまもなくして、COVID-19、いわゆる新型コロナウイルスが世界的に大流行し、日本でも昨春から罹患者が急増。ウイルス感染拡大防止のため、県境を越えての移動が厳しく制限された。人が集まる施設は閉鎖され、各種イベントも中止されただけでなく、公立図書館もいちじ閉館が相次ぎ、執筆に必要な資料もしばらく閲覧ができないのではないか、と心配したものだ。

幸い、流行が一段落した昨夏には、図書館も徐々に運営を再開し、執筆作業にも本腰を入れられるようになった。そう安心した矢先、私の不注意で左親指を骨折してしまい、完治するまで右手の指だけでキーボードを打ち続けることとなった。

このようなアクシデントに遭いながらも本書ができたことは、実に感慨深い。

課題を挙げるとすれば、本書では第三師団に注目したことで、同師団が関わっていない戦場の検討ができなかった。特に華北の戦いは、まったく取り上げられなかった。後期日中戦争の華北戦線も、八路軍を中心に中国軍が粘り強く抵抗し、日本軍を泥沼に追い込んだ。これら論じられなかった点は別稿に譲る。

本書作成にあたり、皇學館大学の長谷川《はせがわ》怜《れい》先生や角川新書編集長の岸山《きしやま》征寛《ゆきひろ》さんをはじめ、多くの方々にご協力をいただいた。この場を借りて厚く御礼を申し上げます。

二〇二一年二月

広中　一成

# 本書関連年表

| 年 | おもな出来事 | 第三師団関連 |
| --- | --- | --- |
| 1941 | 四月一三日　日ソ中立条約調印<br>六月二二日　独ソ戦開始<br>八月一日　米国が対日石油輸出禁止<br>八月一四日　大西洋憲章発表<br>一〇月一八日　東條内閣成立<br>一一月二六日　米国が「ハル・ノート」提議<br>一二月一日　御前会議が対米英蘭開戦決定<br>一二月八日　真珠湾攻撃、太平洋戦争開戦<br>一二月一二日　日本政府が戦争名称を大東亜戦争と決定 | 九月一八日　第一次長沙作戦（〜一〇月二五日）<br>一二月二四日　高橋多賀二中将が第三師団長に親補<br>一二月二五日　第二次長沙作戦（〜一九四二年一月一五日） |
| 1942 | 一月二日　日本軍がマニラ占領<br>四月一八日　ドーリットル空襲<br>六月五日　ミッドウェー海戦（〜七日）<br>八月七日　米軍がガダルカナル島などに上陸<br>一一月一九日　ソ連軍がスターリングラードで | 五月一四日　浙贛作戦（〜八月一四日）<br>八月一日　歩兵第29旅団司令部と歩兵第18聯隊が第29師団に編入<br>一二月八日　大別山作戦（〜一九四三年一月一六日） |

| 年 | 第三師団関連 | おもな出来事 |
| --- | --- | --- |
| | | 反撃開始 |
| 1943 | 二月一三日　江北殲滅作戦（〜三月一三日）<br>三月二五日　山本三男中将が第三師団長に親補<br>四月三〇日　江南殲滅作戦（〜六月二九日）<br>一一月二日　常徳殲滅作戦（〜一二月一一日） | 一月一四日　カサブランカ会談（〜二四日）<br>二月一日　日本軍がガダルカナル島撤退開始<br>五月二九日　アッツ島の日本軍守備隊玉砕<br>九月八日　イタリア降伏<br>一一月二三日　カイロ会談（〜二六日）<br>一一月二八日　テヘラン会談（〜一二月一日） |
| 1944 | 四月二九日　湘桂作戦（〜一二月九日） | 六月六日　連合軍がノルマンディー上陸<br>七月七日　サイパン島の日本軍守備隊玉砕<br>七月一八日　東條内閣総辞職<br>八月一〇日　グアム島の日本軍守備隊玉砕<br>八月二五日　連合軍がパリ入城 |
| | | 二月四日　ヤルタ会談（〜一一日）<br>三月九日　東京大空襲（〜一〇日）<br>四月一日　米軍が沖縄本島上陸 |

本書関連年表

## 1945

三月一日　辰巳栄一中将が第三師団長に親補
三月二五日　都安作戦（〜五月三日）
五月二日　湘桂反転作戦（〜八月一四日）
八月一五日　停戦の大詔渙発

四月三〇日　ヒトラー自殺
五月八日　ドイツ無条件降伏
七月一七日　ポツダム会談開催（〜八月二日）
八月六日　広島に原爆投下
八月八日　ソ連対日宣戦布告
八月九日　長崎に原爆投下
八月一四日　御前会議でポツダム宣言受諾決定
八月一五日　戦争終結の詔書放送
八月一七日　東久邇宮内閣成立
九月二日　ミズーリ艦上で降伏文書に調印

## 1946

一月二五日　復員第一次帰還
五月一五日　復員完了

一月一日　昭和天皇人間宣言
一月一二日　第一回国連安保理開催
二月二八日　公職追放令
五月三日　東京裁判開廷
七月一二日　第3次国共内戦開始
一一月三日　日本国憲法公布

「第三師団歴史年表」（陸上自衛隊第一〇師団司令部編『第三師団戦史別冊〔付図及び付録〕』、私家版、一九六五年所収）をもとに著者作成

# 参考文献一覧

・並びは著者の五十音順。同じ著者の場合は、発行年の古い順。著者が不明確な場合は、資料名または書名のみを掲載した。
・版数は省略した。

## 資料館・個人蔵資料

「外務省記録　伝染病報告雑纂　中国ノ部（満蒙ヲ除ク）第八巻」、外務省外交史料館所蔵、アジア歴史資料センター所蔵（JACAR）、Ref:B04012638400

「作戦要務令　綱領　総則及第一部」、陸軍省「昭和十三年　永存書類　第二　検閲典範令原本　共三」、アジア歴史資料センター所蔵、（JACAR）、Ref:C01002262800

「昭和十八年　武漢地区に於ける第十一軍の作戦指導」、防衛省防衛研究所戦史研究センター所蔵、JACAR、Ref:C13032322500

「秘　従軍日誌　日支事変（大東亜戦争）三」、「阿南惟幾関係文書」、国立国会図書館憲政資料室所蔵

条約局第二課「毒瓦斯使用禁止問題（日米両国間ノ関係ヲ中心トシテ）」、一九四四年八月、外務省記録「条約ノ調印、批准、実施其他ノ先例雑件（条約局ヨリ引継文書）先例集（三）」、外務省外交史料館所蔵、JACAR、Ref:B04013441000

鈴木勤「激動の青春」、私家版、二〇〇〇年（鈴木自身が作成した回想録で、広中が鈴木から直接手渡された。以下同）

鈴木勤「第二次長砂作戦　正月四日間の死闘」、私家版、作成年不明

鈴木勤「昭和十九年五月・湘桂作戦　包囲網を突破・脱出」、私家版、作成年不明

第十三軍司令部「昭和一七・五・一〜一七・九・三〇　せ号（浙贛）作戦経過概要」、防衛省防衛研究所戦史研究センター所蔵、JACAR、Ref:C13071107400

中村明人「阿南将軍の思ひ出」、「阿南惟幾関係文書」、国立国会図書館憲政資料室所蔵

中村龍一「師団長時代の阿南惟幾将軍を追懐して」、「阿南惟幾関係文書」、国立国会図書館憲政資料室所蔵

深野時之助「歩兵第八四連隊原七九三四部隊」、厚生省援護局「タイ・仏印方面部隊略歴」、防衛省防衛研究所戦史研究センター所蔵、JACAR、Ref:C12122452400

歩兵第二百十六聯隊第三大隊「昭和一八・四・二一—六・一一　歩兵第二百十六聯隊第三大隊　江南殲滅作戦戦闘詳報」、防衛省防衛研究所戦史研究センター所蔵、JACAR、Ref:C13032287000

呂集団参謀部「自五月三十一日至八月十七日　浙贛作戦綜合戦果表」、一九四二年八月三〇日、呂集団司令部「呂集団戦時月報第八号別冊　第十一軍浙贛作戦経過の概要」、一九四二年八月三一日、防衛省防衛研究所戦史研究センター所蔵、JACAR、Ref:C13032320900

## 日本語文献【書籍】

『細菌戦用兵器ノ準備及ビ使用ノ廉デ起訴サレタ元日本軍軍人ノ事件ニ関スル公判書類』、外国語図書出版所、一九五〇年
青木茂『華南と華中の万人坑—中国人強制連行・強制労働を知る旅』、花伝社、二〇一九年
青島明編『歩兵第六聯隊速射砲中隊戦史』、速砲会、一九八六年
秋山博『槍部隊史』、槍友会、一九九五年
市原道之編『歩68五中隊戦史』、私家版、一九九〇年
伊藤隆・照沼康孝編『続・現代史資料4　陸軍　畑俊六日誌』、みすず書房、一九八三年
臼井勝美『新版　日中戦争』、中央公論新社、二〇〇〇年
臼井勝美・稲葉正夫編『現代史資料9　日中戦争2』、みすず書房、一九六四年
江口圭一『大系日本の歴史14　二つの大戦』、小学館、一九八九年
NHK「戦争証言」プロジェクト『証言記録　兵士たちの戦争①』、日本放送出版協会、二〇〇九年
大杉一雄『日中十五年戦争史』、中央公論社、一九九六年
大谷敬二郎『陸軍80年』、図書出版社、一九七八年（『皇軍の崩壊』〈同社刊、一九七五年〉の再版）
押田信子『抹殺された日本軍恤兵部の正体—この組織は何をし、なぜ忘れ去られたのか？』、扶桑社、二〇一九年
甲斐克彦『最後の陸軍大臣阿南惟幾の自決』、潮書房光人社、二〇一二年
加藤不二雄・寺沢浩編『野砲兵第三聯隊史』、砲三会、一九九三年
菊池一隆『中国抗日軍事史　一九三七—一九四五』、有志舎、二〇〇九年

木坂順一郎『昭和の歴史　七　太平洋戦争』、小学館、一九九四年（新装版。初版は一九八二年）
騎三史編纂委員会編『騎兵第三聯隊史』、私家版、一九七八年
木俣滋郎『陸軍航空戦史』、経済往来社、一九八二年
教育総監部編『戦時服務提要』、偕行社、一九三八年
熊谷直『《詳解》日本陸軍作戦要務令』、朝日ソノラマ、一九九五年
軍事史学会編『大本営陸軍部戦争指導班〈新装版〉機密戦争日誌』上・下、錦正社、二〇〇八年
小林英夫『日中戦争─殲滅戦から消耗戦へ』、二〇〇七年
佐々木春隆『長沙作戦』、図書出版社、一九八八年
佐々木春隆『桂林作戦』、図書出版社、一九八九年
宍戸寛・内田知行・馬場毅・三好章・佐藤宏『中国八路軍、新四軍史』、河出書房新社、一九八九年
静岡聯隊史編纂会編『歩兵第三十四聯隊史』、静岡新聞社、一九七九年
聶莉莉『中国民衆の戦争記憶─日本軍の細菌戦による傷跡─』、明石書店、二〇〇六年
第三師団衛生隊回顧録編集委員会『第三師団衛生隊回顧録』、第三師団衛生隊回顧録刊行会、発行年未記載（第三回「回顧録」刊行専任委員会〈全三回〉が一九七九年に開催されている）
第三師団通信誌刊行委員会『第三師団通信隊誌』、師通会、一九八四年
高須俊男編『輜重兵第三聯隊第二中隊史』、私家版、一九八一年
竹内康人『日本陸軍のアジア空襲　爆撃・毒ガス・ペスト』、社会評論社、二〇一六年
種村佐孝『大本営機密日誌〈新装版〉』、芙蓉書房出版、一九九五年

田村篤ら編『第四十師団歩兵第二百三十六聯隊第六中隊戦史』、小南石材店、一九八八年
戸髙一成・大木毅『帝国軍人　公文書、私文書、オーラルヒストリーからみる』、KADOKAWA、二〇二〇年
永井荷風著・磯田光一編『摘録　断腸亭日乗（下）』、岩波書店、一九八七年
七三一部隊国際シンポジウム実行委員会編『日本軍の細菌戦・毒ガス戦―日本の中国侵略と戦争犯罪―』、明石書店、一九九六年
西村都喜男編著『「ああ浙江・湖南の山河」独立歩兵第八十八大隊―還らざる戦友の霊に捧ぐ―』、「ああ浙江・湖南の山河」刊行委員会、一九八三年
額田坦『陸軍省人事局長の回想』、芙蓉書房、一九七七年
服部卓四郎『大東亜戦争全史』全四巻、鱒書房、一九五三年（本文中は特に断りのない限り、服部卓四郎『大東亜戦争全史』、原書房、一九六五年）
半藤一利『平凡社ライブラリー878　B面昭和史1926-1945』、平凡社、二〇一九年
広中一成『語り継ぐ戦争―中国・シベリア・南方・本土「東三河8人の証言」』、えにし書房、二〇一四年
広中一成『牟田口廉也　「愚将」はいかにして生み出されたのか』、星海社、二〇一八年
藤井非三四『日本軍の敗因』、学研パブリッシング、二〇一二年
藤井非三四『帝国陸軍師団変遷史』、国書刊行会、二〇一八年
藤枝彰『峯兵団独立歩兵第九十一大隊史』、峯六戦友会、一九七八年

藤原彰『中国戦線従軍記』、大月書店、二〇〇二年
古屋哲夫『日中戦争』、岩波書店、一九八五年
防衛庁防衛研修所戦史室『戦史叢書四　一号作戦〈1〉河南の会戦』、朝雲新聞社、一九六七年
防衛庁防衛研修所戦史室『戦史叢書一六　一号作戦〈2〉湖南の会戦』、朝雲新聞社、一九六八年
防衛庁防衛研修所戦史室『戦史叢書三〇　一号作戦〈3〉廣西の会戦』、朝雲新聞社、一九六九年
防衛庁防衛研修所戦史室『戦史叢書四七　香港・長沙作戦』、朝雲新聞社、一九七一年
防衛庁防衛研修所戦史室『戦史叢書五五　昭和十七、八年の支那派遣軍』、朝雲新聞社、一九七二年
防衛庁防衛研修所戦史室『戦史叢書六四　昭和二十年の支那派遣軍〈2〉―終戦まで』、朝雲新聞社、一九七三年
防衛庁防衛研修所戦史室『戦史叢書八六　支那事変陸軍作戦〈1〉』、朝雲新聞社、一九七五年
歩兵第二三六聯隊（鯨部隊）歩兵砲隊戦友会『戦友会誌』、私家版、一九九二年
歩兵第六十八聯隊第一大隊戦史編纂委員会編『歩兵第六十八聯隊第一大隊戦史』、私家版、一九七六年
歩六史追録編集委員会編『歩兵第六聯隊歴史・追録』、歩六会、一九七一年
歩六史編集委員会『歩兵第六聯隊歴史』、歩六史刊行会、一九六八年
松野誠也編『十五年戦争極秘資料集　補巻49　迫撃第五大隊毒ガス戦関係資料』、不二出版、二〇一九年
松村高夫・松野誠也編・解説『十五年戦争極秘資料集　補巻27　関東軍化学部・毒ガス戦　教育演習

関係資料』、不二出版、二〇〇六年
宮内陽子『日中戦争への旅　加害の歴史・被害の歴史』、合同出版、二〇一九年
森金千秋『湘桂作戦』、図書出版社、一九八一年
森金千秋『常徳作戦』、図書出版社、一九八三年
森正孝・糟川良谷編、静岡中国語翻訳センター訳『中国側史料　中国侵略と七三一部隊の細菌戦―日本軍の細菌攻撃は中国人民に何をもたらしたか』、明石書店、一九九五年
守屋賢至雄ら編『日中事変および太平洋戦争における歩兵第十八連隊第八中隊史』、歩一八・八中隊史刊行委員会、一九七八年
吉田裕『日本軍兵士―アジア・太平洋戦争の現実』、中央公論新社、二〇一七年
吉見義明『毒ガス戦と日本軍』、岩波書店、二〇〇四年
陸上自衛隊第一〇師団司令部編『第三師団戦史』、私家版、一九六五年

## 日本語文献【雑誌記事・論文】

今井貞夫（インタビュアー三好章・広中一成）「『幻の日中和平工作』を執筆して」、『中国21』Vol. 31、東方書店、二〇〇九年五月、三―一八頁
たどころあきはる「日中の民間合同調査で明らかになった戦史の空白」、『週刊金曜日』第一〇五四号、株式会社金曜日、二〇一五年四月、二四―二六頁
松村高夫「731部隊と細菌戦―日本現代史の汚点―」、『三田学会雑誌』第九一巻第二号、

慶應義塾経済学会、一九九八年七月、七一―九二頁
水本和実「生物・化学兵器と旧日本軍の毒ガス兵器」、広島市立大学広島平和研究所企画委員会編『戦争の非人道性―その裁きと戦後処理の諸問題　広島平和研究所ブックレット第五巻』、広島市立大学広島平和研究所、二〇一八年三月、一四三―一六四頁

## 中国語文献

王少華『楚天雲』、中国檔案出版社、二〇〇四年
汪新・劉紅『南京国民政府軍政要員録』、春秋出版社、一九八八年
郭汝瑰・黄玉章主編『中国抗日戦争正面戦場作戦記』上・下、江蘇人民出版社、二〇〇二年
湖南省道県県誌編纂委員会編『道県誌』、中国社会出版社、一九九四年
湖南省南県政協文史資料研究委編『南県文史』第二輯、内部発行、一九九〇年
常徳県誌編纂委員会編『常徳県誌』、中国文史出版社、一九九二年
曹剣浪『中国国民党軍簡史』上・中・下、解放軍出版社、二〇一〇年（第二版。初版は二〇〇四年）
中央檔案館・中国第二歴史檔案館・吉林省社会科学院合編『日本帝国主義侵華檔案資料選編　細菌戦与毒気戦』、中華書局、一九八九年
張憲文・方慶秋主編『蔣介石全伝』、河南人民出版社、二〇〇四年
沈雲龍主編・徐浩然編『近代中国史料叢刊　第七十七輯　常徳抗日血戦史』、文海出版社、一九七二年

董学生主編『長沙会戦』上・下、岳麓書社、二〇一〇年
楊樹標・楊菁『蔣介石伝（一八八七―一九四九）』、浙江大学出版社、二〇〇八年
羅玉明『抗日戦争時期的湖南戦場』、学林出版社、二〇〇二年
劉幹才・李奎編著『華中抗戦大紀実』、団結出版社、二〇一五年

### 新聞（WEB版含む）

「細菌戦「731部隊」の新資料発見「ないはず」の戦後公文書 細菌生産を明記」、『京都新聞』、二〇二〇年二月七日、https://www.kyoto-np.co.jp/articles/-/155056
「長沙作戦終了 支那派遣軍報道部長談話発表」、『朝日新聞』、一九四二年一月四日
「余程万溺死か 副師長等捕はる」、『朝日新聞』、一九四三年一二月六日

### WEB

「NIID 国立感染症研究所」、https://www.niid.go.jp/niid/ja/

### インタビュー

鈴木勤に対する広中一成のインタビュー、二〇一七年六月、未定稿（インタビューの様子は、「開戦から80年 日中戦争 生の声残す」、『朝日新聞（夕刊）』、朝日新聞社、二〇一七年九月一三日号七面に掲載された）。

図表作成　本島一宏
写真提供　共同通信社
（三一頁）
毎日新聞社
（五五頁、一八五頁）

**広中一成（ひろなか・いっせい）**
1978年、愛知県生まれ。2012年、愛知大学大学院中国研究科博士後期課程修了。博士（中国研究）。現在は愛知大学非常勤講師。専門は中国近現代史、日中戦争史、中国傀儡政権史。著書に『傀儡政権　日中戦争、対日協力政権史』（角川新書）、『冀東政権と日中関係』（汲古書院）、『通州事件　日中戦争泥沼化への道』『牟田口廉也　「愚将」はいかにして生み出されたのか』（星海社新書）などがある。

本書は書き下ろしです。

**後《こう》期《き》日《にっ》中《ちゅう》戦《せん》争《そう》**
太平洋戦争《たいへいようせんそう》下《か》の中国《ちゅうごく》戦線《せんせん》

広中一成《ひろなかいっせい》

2021年 4月10日　初版発行
2024年 11月15日　9版発行

発行者　山下直久
発　行　株式会社KADOKAWA
〒102-8177　東京都千代田区富士見2-13-3
電話　0570-002-301（ナビダイヤル）

装 丁 者　緒方修一（ラーフイン・ワークショップ）
ロゴデザイン　good design company
オビデザイン　Zapp!　白金正之
印 刷 所　株式会社KADOKAWA
製 本 所　株式会社KADOKAWA

角川新書

ISBN978-4-04-082366-9 C0221